油气田企业打造新质生产力的数字化转型实践

杜 强 刘 燕 唐 瑜 主编

中国商业出版社

图书在版编目（CIP）数据

油气田企业打造新质生产力的数字化转型实践 / 杜强，刘燕，唐瑜主编. -- 北京 ：中国商业出版社，2025．6. -- ISBN 978-7-5208-3276-2

Ⅰ．F426.22

中国国家版本馆CIP数据核字第20246VP400号

责任编辑：王 静

中国商业出版社出版发行

（www.zgsycb.com 100053 北京广安门内报国寺1号）

总编室：010-63180647 编辑室：010-83114579

发行部：010-83120835/8286

新华书店经销

定州启航印刷有限公司印刷

＊

710毫米×1000毫米 16开 10.75印张 180千字

2025年6月第1版 2025年6月第1次印刷

定价：88.00元

＊ ＊ ＊ ＊

（如有印装质量问题可更换）

编 委 会

随着新一轮科技革命和产业变革的深入发展，以大数据、人工智能、物联网等为代表的数字技术正以前所未有的速度重塑全球经济格局和产业生态。作为国民经济的重要支柱和能源安全的"压舱石"，油气田企业肩负着保障国家能源安全与推动绿色低碳转型的双重使命。数字化转型是油气田企业突破传统发展瓶颈、激活创新动能、打造新质生产力的关键路径与必然选择。

当前，全球能源行业正经历深刻的结构性调整，我国油气田企业面临着资源禀赋复杂化（如川西北地区的高含硫气藏）、老油气田稳产增产压力增大、新能源加速融合、安全环保要求持续提高等多重挑战。尽管云计算、大数据、人工智能、数字孪生等新技术层出不穷，但如何将这些新技术深度应用于勘探开发、生产运行、经营管理等核心价值链，构建起驱动新质生产力发展的数字化能力，并有效应对数字化转型过程中的风险与挑战，进行组织结构与企业文化变革，仍是一项复杂而艰巨的系统工程。川西北气矿作为我国典型的复杂气田，其数字化转型的迫切需求与实践探索，能够为整个油气田行业提供极具价值的参考。

本书立足于国家发展新质生产力的战略导向，聚焦油气田行业数字化转型的核心命题，以川西北气矿的深入实践为例，系统论述了数字化转型如何赋能油气田企业提质增效降本、保障安全环保、驱动绿色低碳发展、最终实现高质量发展。

本书共六章。第一章，引言。开宗明义，阐述了数字化转型对新质生产力的关键赋能作用；以川西北气矿数字化转型为例，介绍了行业企业打造新质生产力的迫切需求与关键举措；论述了数字化转型的目标与愿景，并以川西北气矿为例明确提出了打造油气田企业新质生产力的实践导向。第二章，数字化生产运行战略规划：油气田企业新质生产力构建的转型路径。具体论述了油气田企业数字化生产运行战略规划与蓝图及数字化生产运行战略实践。第三章，数字化技术深化应用实践。以川西北气矿实践为例，深入分析了数智技术在净化厂业务链中的应用、大数据在气矿管理中的应用、老气田的数智化改造、老井挖潜创新与数智化应用、新气田的数智化建设、一体化智能调控应用等核心业务场景，生动展现了数智技术如何具体落地并驱动生产运行模式的革新、实现效率跃迁。第四章，新能源、绿色低碳与数智化的深度融合。介绍了新能源发展现状与趋势、数智技术在新能源领域的应用，探讨了油气田企业如何实现绿色低碳与数智化的协同发展。第五章，数字化转型的挑战与对策。深入分析了油气田企业在数字化转型过程中的风险与应对策略，数字化转型的组织结构与企业文化变革。第六章，成效、经验与展望。详细总结了川西北气矿全面数字化转型的成效、经验，并对未来油气田企业持续打造新质生产力、深化数字化转型的趋势进行了展望。

本书力求理论与实践相结合，对川西北气矿数字化转型的宝贵经验进行了系统总结，希望能够为整个油气田行业拥抱数字时代、打造新质生产力、实现高质量发展提供可借鉴、可推广的实践指南。期待本书能为推动我国油气田企业数字化转型与创新发展提供重要的智力支持，为油气田企业管理者、数字化转型实践者以及相关领域的研究者提供一定的理论与实践参考。

杜 强 刘 燕 唐 瑜

2024 年 4 月 15 日

目 录

第一章 引言

第一节 数字化转型对新质生产力的关键赋能作用

新质生产力标志着生产力在质态维度上的根本性跃迁，其显著特点是创新，这一力量深刻重塑了劳动者与生产资料的本质属性。具体而言，在劳动者层面，伴随着数字化与智能化的深度融合，对劳动力的需求转向高度专业化的方向，即那些能够驾驭复杂技术、先进设备，并具备快速更新知识能力的复合型人才，这一转变精准对接了数字经济与智能时代对人才素质的新要求。

在生产资料领域，新型生产要素如数据的崛起，以及高端智能设备、新型网络通信技术等的广泛应用，共同构建了一个富含技术革新与创新特性的新型生产体系。这些变革不仅革新了人类的生产生活方式，也促进了社会生产模式的转型与重构，极大地拓宽了人类认知边界与改造世界的能力。尤为重要的是，以大数据、云计算、区块链、人工智能等前沿技术为核心的技术创新与广泛应用，超越了传统生产力的界限，摆脱了旧有技术体系的束缚，以高质量发展为导向，增强了生产力的融合特性，丰富了数字时代下生产力的全新内涵。因此，新质生产力是生产力发展历程中一次深刻的"质量并进"的飞跃，其以技术创新为引擎，引领着生产力向更加智能、高效、可持续的方向迈进。

在能源革命与转型的浪潮中，油气行业作为传统工业支柱，正面临着前所未有的变革压力与机遇。为顺应此趋势，深度融合云计算、物联网、5G 通信、大数据、人工智能等前沿数字技术，成为其转型升级的关键路径。此过程旨在通过技术赋能，驱动业务模式的根本性重构，促进管理模式的智能化变革，激发生产模式的创新性突破，并强化核心竞争力的全面提升，最终实现产业结构的优化升级与价值创造的深刻转变。而成功的数字化转型不仅要求技术层面的深度融合与应用，更需要油气田企业对其运营体系进行系统性、革命性的再审视与重塑，如组织结构的扁平化优化、业务流程的精细化再造、业务模式的前瞻性重构，以及员工技能与素养的全方位提升。唯有如此，油气行业方能在数字化转型的浪潮中乘风破浪，实现由传统能源产业向智慧能源生态的华丽转身，开创高质量发展新篇章。

一、全球视野下的数字化转型与新质生产力构建趋势

一方面，全球经济格局呈现出"三低两高"特征：经济增长放缓、利率水平低迷、通胀压力受控，而政府债务高企与收入分配失衡问题日益凸显。与此同时，新能源革命的浪潮正在深刻重塑全球经济结构，这导致经济全球化进程受阻，国际贸易与投资活动缩减，世界能源格局经历前所未有的变革，传统能源产业面临前所未有的转型压力与重构挑战。尽管全球经济面临下行压力，资本支出普遍缩减，但传统能源企业却逆势加大对数字技术的投资力度，这深刻反映出数字技术对于传统能源企业转型升级的不可或缺性，已成为行业共识与战略重点。另一方面，数字经济在全球经济版图中的比重持续攀升，其作为经济增长新引擎的地位越发稳固。数字化转型作为数字经济发展的核心驱动力，通过深度融合人工智能、大数据、云计算等先进技术，赋能社会经济各领域，激发数字竞争力，促进创新能力提升，并引领社会经济在质量、效率、动力等

方面实现深刻变革。这一过程不仅加速了传统产业的数字化改造与升级，也为新兴产业的蓬勃发展提供了强大支撑，两者共同推动全球经济向更加高效、绿色、可持续的方向发展。

国际石油巨头已将数字技术布局到油气产业链各环节。特雷斯数据显示：2022年，3000多家油气公司在油井及相关基础设施运营方面花费约1万亿美元，如果加速自动化和数字化进程，可减少约10%开支。同年，世界石油网报道，未来10年，全球油气市场数据业务预计以16.5%复合年增长率增长，从2022年的316亿美元增至2032年的1459亿美元。数据业务暴涨是油气行业加速数字化转型的反映。近年来，国际石油公司普遍加快云计算、物联网、大数据、人工智能、3D打印、区块链、数字孪生等数字技术创新与应用，以驱动传统油气产业转型升级和能源转型，实现净零目标。

例如，道达尔公司搭建油气生产一体化协同研究平台，对油气藏、注采井、地面管网和设备进行生产一体化动态模拟，将各个生产环节紧密连接起来，在投产前进行各种开发方案的对比评估，在投产后进行开发效果的跟踪与评价，优化了整个生产运行系统，使技术研究目标高度统一，实现了油气藏、注采井、集输等生产全过程的模拟优化，解决了诸多开发生产问题，提高了开采效率和经济效益。

挪威国家石油公司于2019年10月宣布采用全数字化环境在巨型油田Johan Sverdrup投产，该油田最高产量将占挪威全部产量的25%。以人工智能、数字孪生为核心的云平台、机器人、无人运输等技术，使得建设成本降低40亿美元，运营操作成本低于2美元/桶。挪威国家石油公司通过部署Engineering Base（EB）协作平台，从开发到运营的各个阶段，实现了与外部分包商的高效协作；建立了地上地下一体化的可实时更新的数字孪生模型，建立了开放的地下数据空间（Open Subsurface Data Universe, OSDU），存储了超过35万个文档，集成了3000多个系统的数据；利用微软OMNIA云的数据平台，实现了跨学科数据共享、平台作业工单全自动化生成。

阿布扎比国家石油公司（Abu Dhabi National Oil Company, ADNOC）从2015年开始建设智能油田，截至2018年，建立了国家级数字孪生资产模型，包括100多个油气藏，涉及所有单井和地面管网。该公司建立了从油气藏、井筒、井口到下游炼化和销售的所有地面管网的国家级模型，集成了原有的IPM、ReO、Wellflo、Eclipse 等专业一体化优化软件建立的现有一体化资产模型；利用 Nexus 建立了地下、地面一体的多油气藏、多井、多管网的模型；基于一个独立的模型，支撑各个智能工作流应用，加快了整体数字模型的运算速度；从油气藏合理生产角度出发，实现了一体化的整体联动和优化。

壳牌石油公司在大部分资产团队建设了协同工作环境（Collaborative Working Environment, CWE），并部署了从 4D 地震、智能油藏、智能井筒、智能地面等应用。除支持生产优化和监控管理流程外，CWE 还支持采用移动和虚拟化技术来降低成本。

斯伦贝谢公司通过数字技术赋能生产作业，与雪佛龙公司、微软开展合作，发挥各自优势，加速石油技术和数字技术的融合创新，提高了作业效率，减少了非生产时间，降低了综合成本。

沙特阿美公司为了监测和优化钻井，建设了钻井实时作业中心，其已经成为国际油气公司缩短工程周期、降低成本、提高管理效率，搭建与工程服务公司顺畅沟通桥梁的重要手段。而乌斯马尼亚天然气厂作为沙特阿美公司的代表性项目，被世界经济论坛评为"灯塔工厂"。该工厂通过大规模应用数字化技术，包括飞行机器人、水下机器人、地面机器人等，显著提高了生产力、安全性和可靠性。同时，该工厂广泛应用可穿戴设备，为技术人员提供了实时沟通和协作的能力。在库瑞斯油田，沙特阿美公司使用了数千个物联网传感器来监控和预测油井产量。数字化转型使沙特阿美公司在保持高产量的同时，显著提高了运营效率，降低了成本，并增强了其在全球市场的竞争力。

二、数字化转型战略对新质生产力构建的导向作用

随着新一代数字技术的蓬勃兴起，数字经济已成为驱动新时代发展的核心旋律。其核心在于将数字化的知识与信息视为关键性生产要素，将数字技术的持续创新作为核心引擎，通过与实体经济的深度融合，构建一种新型经济范式，进而深刻重塑实体经济的生态系统、运作模式及业态结构。中国信息通信研究院于 2020 年 10 月发布的权威报告《全球数字经济新图景（2020 年）——

大变局下的可持续发展新动能》显示，我国在 2019 年的数字经济规模已突破 5.2 万亿美元大关，虽已占据国内生产总值（GDP）的 36.2%，然而与全球领先国家普遍超过 60% 的 GDP 占比相比，仍显示出较大的提升空间，这预示着我国数字经济在潜力释放与结构优化方面尚存广阔的发展空间。为深度整合并高效利用新一代数字信息技术，国家发展和改革委员会（以下简称国家发展改革委）与中央网络安全和信息化委员会办公室于 2020 年 4 月 7 日印发《推进"上云用数赋智"行动培育新经济发展实施方案》，旨在加速新技术、产品、模式及业态的创新与发展进程。国务院国有资产监督管理委员会于同年 8 月 21 日发出《关于加快推进国有企业数字化转型工作的通知》，全面规划并部署了国有企业数字化转型的战略蓝图。这不仅深化了"两化融合管理体系贯标 2.0"的推广实施，还通过发布《数字化转型参考架构》（T/AIITRE10001—2020）等标准化文件，为企业数字化转型提供了一套科学、系统的理论框架与实践指南，旨在为业界提供一套可复制、可推广的数字化转型方法论。

党的二十大报告强调，"加快发展数字经济，促进数字经济和实体经济深度融合，打造具有国际竞争力的数字产业集群"。国务院发展研究中心资源与环境政策研究所编著的《中国能源革命进展报告：能源技术革命（2021）》提出，无论是非化石能源的蓬勃兴起，还是化石能源的清洁高效利用，均深刻依赖于跨界科技创新的强劲驱动。当前，我国能源领域正步入高度数字化与低碳化并行发展的快车道，5G、物联网、人工智能、区块链、云计算、大数据、边缘计算等前沿技术的深度融入，为能源革命及碳达峰、碳中和目标的实现铺设了一条坚实的数字化转型之路，引领着能源体系向更加智能、绿色、可持续的未来迈进。

而在数智化浪潮下，产业和技术都迎来了新变革。数字化转型、智能化发展取得显著成效，为石油石化行业转型升级注入了强劲动力。人工智能改变了传统的生产模式，为企业降本增效提供了有效的方式。作为国家能源供应保障的顶梁柱，国内大型油气田企业同样重视对"效率"的把控。例如，中国海洋石油集团有限公司（以下简称中国海油）成功打造了我国首个海上智能油田秦皇岛 32-6，其核心业务数字化覆盖率达 90%，操作费每年降低 1500 万元；通过一体化智能管控赋能海上油田增储上产，恩平油田等多个海上油气田实现了台风期间的无人远程遥控生产；深海一号成为世界首个可遥控生产的超大型深水储油平台，其海上平台无人化率接近20%。此外，国内首个海洋油气装备智能制造基地建成，其中5家单位和9个场景入选国家有关部委组织的智能制造示范工厂和优秀场景名单。

新疆油田通过建立完善的油田数据应用体系、优化的决策分析模型、体系化的生产管理知识库及共享的油田数据知识，从而实现了生产流程自动化、系统应用一体化、生产指挥可视化、分析决策科学化。

塔里木油田建立了集数据采集、数据管理、数据资源建设、基本应用"四位一体"的油田数据银行，集成了勘探、开发、生产、经营等全业务领域81套统建系统、自建系统的动静态和实时数据。数字井史系统在塔里木油田被广泛应用，实现了从新井开钻到报废全生命周期的管理和综合应用，使业务人员能方便快捷地了解井各阶段的作业和生产情况。

大港油田围绕地面数字化、井筒数字化、油藏数字化、办公数字化，推进了数字油田建设，实现了地震、钻井、分析试采（酸化压裂）化验等8大专业历史数据全部入库，实现了新数据正常化管理，建立了以A1为基础的勘探开发协同研究云、以A2为基础的生产管理云、以A11为基础的物联网应用云，推动了多学科协同研究、跨层级生产管理、精细化过程管控，深化了两化融合贯标，促进了业务升级新发展。

长庆油田遵循了"统一平台、信息共享、多级监视、分散控制"的原则，按照前端、中端、后端三个层次和五大系统进行了建设，建成了数字化油气藏研究与决策支持系统，实现了盆地级数据服务、企业级协同共享、一体化油藏分析、数字化生产管理，构建了业务流与数据流相统一的一体化协同模式。

涪陵页岩气田以建设智能油气田云平台为基础，重点围绕勘探、开发、生产、集输、生产辅助、QHSE（Quality Health Safety Environment）、经营管理七项业务与相关应用，在信息标准化体系和技术支持体系支撑下，最终实现全面感知、集成协同、预警预测和分析优化四项核心能力。

三、我国油气田企业数字化转型对新质生产力构建的实践需求

从行业维度分析，石油石化产业链因其固有的长链条、长周期特性及多方参与者的复杂性，面临着信息流、物质流与资金流融合不畅的困境，这严重制约了产业链价值的高效流通与整体边际效益的释放。在"双碳"（碳达峰与碳中和）政策驱动及大宗原材料市场价格波动的影响下，石油石化行业正处于转型的阵痛期，亟须淘汰落后产能并探索新的发展路径。此时，新兴数字技术为行业提供了破局之道，有望精准解决产业痛点，激发业务创新、模式创新与价值创造的全新机遇。

2020 年 12 月，中国石油天然气集团有限公司（以下简称中国石油）提出，至 2025 年末，初步构建"数字中国石油"的宏伟框架，实现物理世界与数字孪生体的深度融合与闭环互动，促进实体运营与数字空间的双向映射与协同，建立内外联通、资源共享、高效协同的机制体系。这可以显著提升成本效益，增强协同共享能力，激发持续创新活力，强化风险预控机制及智慧决策水平，进而推动全员劳动生产率与资产创效能力的飞跃。

作为"数字中国石油"上游业务数智化转型的关键一环，我国的智能油气田的建设采用了"数据湖 + 云平台"的先进架构，针对数据量多、类型多、来源多（"三多"）及数据采集难、处理难、分析难、应用难（"四难"）等核心挑战，精心规划了智能油气田的总体建设蓝图。该蓝图旨在至 2025 年末，全面覆盖勘探开发、经营管理、安全环保等全领域业务链条，构建起集数字化、自动化、协同化、智能化于一体的生态运营模式，最终打造一个具备国际竞争力的世界一流智能油气田，引领油气行业向更高水平的数智化时代迈进。

在数字油气田的建设阶段，其核心聚焦于油气生产物联网的构建、全面共享的数据湖、智能共享的云平台，以及油气勘探、开发、协同研究、生产运行、安全环保、经营管理六大核心业务领域的深度应用，这些共同构成了数字油气田建设的基本标志，彰显了以应用为导向、以平台为依托、以技术为引擎、以数据为灵魂的"云—边—端"深度融合的数字化转型特质。具体而言，数据湖作为数据汇聚与共享的基础设施，为数据的集成与流通奠定了坚实基础；云平台作为数据、技术与智能能力的汇聚地，提供了平台化支持，促进

了面向业务需求的敏捷应用开发。智能油气田建设将在数字油气田的基础上进一步深化，旨在全面增强智能化服务能力，提升业务应用的智能化水平，直至智能应用全面渗透至各业务领域，实现智能生态与智能运营的深度融合。此阶段围绕油气田企业的核心业务价值链——油气勘探、开发、协同研究、生产运行、工程技术、经营决策、安全环保及油气销售等，将业务流与数据流进行深度融合，持续完善数字化管理体系，从而为数字与智能油气田的成功建设奠定坚实的基础。这一过程体现了从数据驱动到智能引领的深刻转变，以及油气田企业向全面智能化转型的坚定步伐。

第二节　川西北气矿数字化转型：打造新质生产力的迫切需求与关键举措

一、新质生产力背景下川西北气矿数字化建设现状

（一）概况及现状

川西北气矿位于四川盆地西北部，前身系成立于 20 世纪 70 年代的四川石油管理局广宁石油勘探指挥部、川西北矿区，1999 年经过重组改制上市，隶属于中国石油西南油气田分公司。川西北气矿下设 19 个职能科室和直属机构、6 个直属单位和 18 个基层单位，拥有在册员工 2300 余人。

川西北气矿以天然气勘探、开发、集输和销售为主营业务，矿权面积为3.42 万平方千米，在现有矿权范围内共发现含油气层系 13 套、油气田 7 个、含气构造 26 个、气藏 50 个，累计探明天然气地质储量 960 亿立方米，拥有工业价值的油气生产井 190 余口，已采输天然气 343 亿立方米。

川西北气矿担负着向北起广元，南至雅安、乐山的 24 个县市 100 余家用

户提供天然气、石油液体、硫黄等产品的销售服务，切实履行了国企三大责任，为地方经济发展做出了贡献。

（二）川西北气矿数字化建设存在的主要问题

1. 勘探地质研究、钻井速度与川西北气矿快速上产存在挑战

"十三五"期间川西北气矿主攻川西地区深层海相，在双鱼石、九龙山、简阳等地区陆续取得了勘探发现，在双鱼石、九龙山、简阳等区块也提交了预测储量、控制储量。但是由于深层海相碳酸盐岩存在埋藏深、储层薄、优质甜点识别难度大及钻井周期长等一系列技术难题，油气资源发现转化率较低，重点上产区块缺乏探明储量支撑。川西地区地质条件复杂，深层海相碳酸盐岩平均钻井深度超过 7500 米，钻井周期长，影响试采方案及产能建设进度。地质条件综合研究尚不够深入，对成藏主控、高产控制等因素认识仍不够清楚。

川西地区下二叠统是川西北气矿近年来增储上产的重要领域，双鱼石、九龙山、大兴场等多口井测试获高产工业气流，除双鱼石外，其他区块尚未形成规模效益开发。双鱼石构造带为下二叠统重点区块，由于地处盆地边缘，构造作用强烈，地腹地质情况复杂，其地震资料品质有待进一步提高，地震准确成像及偏移处理有待进一步攻关；目的层埋藏深，且属低孔、低渗储层，高产井模式难以确定，油气富集高产区带预测难度仍然较大。九龙山区块两口气井测试效果与预期差异较大，使规模试采的进程再一次滞后。

剑阁区块长兴组气藏初步设计已获批复，长兴组生物礁展布已基本落实，但是由于生物礁成藏条件复杂，普遍存在"一礁一藏"，优质"甜点区"分布及气水关系难题仍需进一步攻关。

近年来通过持续加大风险勘探力度，积极探索川西震旦系—下古生界、火山岩、雷口坡组等新区新领域，在川西南部简阳地区火山岩勘探取得重大发现，永探 1 井区提交预测储量 4053 亿立方米，被初步证实具备快速建产的资源基础，但火山岩对于四川盆地属于新对象、新领域，针对火山岩的勘探配套技术尚未完全形成。

与此同时，川西地区山前构造带地面地形起伏、相对高差大、沟壑纵横；

地理环境、气候、交通条件和民居拆迁等诸多外部因素，给钻前施工、钻井和地面建设带来了困难，严重影响了产能建设工作周期。

如何加大勘探前期准备和预探力度，寻找优质、规模、效益储量，寻找新的资源接替，进一步夯实资源基础，保持可持续发展的良好势头，这些任务更加紧迫。

对工艺技术和安全性要求更高。一是为进一步提高储层钻厚、钻遇率及测试产量，开发井多采用丛式井和大斜度定向井方式进行，这对钻井工艺技术要求高。目的层埋藏深，地层具有多压力系统，地应力分布不清，岩性结构复杂等因素使井壁稳定性差，易造成钻井中井下复杂情况、频繁事故，导致钻井周期长，油气层保护难度大。二是超深、高温、高压、高含硫井的钻完井和试油工艺技术还需进一步配套完善，复杂事故对井控、安全环保造成的压力仍然突出。

2. 规模效益开发和气田开发技术攻关还需取得进一步突破

（1）上产新区地质条件复杂，规模效益开发存在风险。双鱼石、九龙山、龙岗西区块为超深、高温、高压含硫气藏，气藏地质条件复杂，气藏开发难度大，试采评价期长；整体试采工程产能建设时间紧、任务重，期间的地方协调、钻井协调、地面建设等均影响试采评价区块达产进度。按照现有公司规划进度安排，在试采评价周期内，气藏地质特征可能未被认识清楚。

根据简阳地区火山岩气藏部署井的钻试跟踪分析，区块火山岩多类型岩相发育分布规律不清楚；强非均质性火山岩储层纵横向分布规律不明确；受多种因素影响，火山岩储层电阻率差异大，常规电阻率测井资料评价含气性存在不确定性，流体识别多解性较强。储层岩性复杂、黏土矿物含量高、储层孔隙较发育，使钻井过程易漏失，如何选用与储层匹配的钻井液体系、确定合理的钻井液密度、优选储层保护剂等问题尚不明确。永探1井射孔酸化后在放喷过程中返排大量颗粒、杂质，堵塞了地面放喷管线，原因有待进一步分析。因此川西北气矿上产新区各领域的天然气开发均存在一定风险，其中主要的风险包括储量不确定性风险、产能不确定性风险、水侵不确定性风险等。

①储量不确定性风险。在地质储量可动用性评价、可采储量预测方面，产生不确定性风险的主要原因：地质条件异常复杂，在勘探与开发前期评价阶

段，难以完全认清地层天然气可动的储层下限，未完全弄清难动用储量的分布特征。

②产能不确定性风险。储层非均质性较强，物性差异较大。不同部位气井产能差异显著，使得类比预测结果偏差大，因此对于该类非均质性极强的单井、区块，有序开展单井的产能测试，做好测试资料的录取分析，核实气井无阻流量尤为重要。在开发前期评价阶段，应重视气藏渗流特征研究，利用产能评价相关动态数据资料，建立可靠的试井和数值模拟预测模型，掌握气井产能变化规律。同时进一步深化气藏地质特征研究，掌握不同类型储层的分布特征，针对性地选取足够数量的代表性气井再次开展产能评价分析，最终得到气井产能类比预测基准，以指导后续的开发、生产。

③水侵不确定性风险。在气藏水侵预测方面，产生不确定性风险的主要原因如下：

a.气田、气井在开发前期评价阶段，难以具备准确分析气藏水侵特征的资料条件；

b.水体能量、气水关系、水侵通道、水侵量评价及预测的技术复杂程度较高，认识周期较长。

因此，对于防控该类气藏水侵不确定性风险的主要措施如下：

a.尽早制订针对性动态监测方案，建立气藏动态监测系统，取全取准水侵动态分析预测所需基础资料；

b.尽早制订持续性研究计划，长期跟踪分析水侵影响规律；

c.在开发方案编制过程中，设计一定数量的预备井；

d.在方案实施要求中，提出根据水侵影响状况及时防水、控水、排水的预案，主要包括气井配产条件、排水采气工艺试验、生产井与监测井功能转换、开发井网完善、对水淹停产井或靠近主产区的水井开展的主动排水试验。

除此之外，区块气井普遍超深、高压、含硫，在钻完井、开发、生产过程中，安全风险较高，单井钻井投资较高，如何安全、高效实现效益开发，探索该类深层天然气气藏的开发技术对策是下一步开发工作的重点。

（2）国家监管力度增大，矿权取证周期长，油气开采存在合规性风险。在上产新区（双鱼石、龙岗西）试采过程中及时获取采矿权证难度大、周期长，影响上产进程。双鱼石、龙岗西等上产新区年度产气 2.65 亿立方米，已有试采证已过期，从储量计算到采矿权申报需要一定周期（2 年左右），这期间气井的生产存在合规性风险。随着国家监管力度的进一步加大，后续对于合规开采问题应予以高度重视。

（3）安全环保要求高，风险管控难度大。川西北气矿场站、管道投运时间长，老旧设备、设施占比大，设备故障率高，放空系统、排污系统等均出现不同程度腐蚀。地处城区的中坝气田雷三高含硫气藏已投产 42 年，安全环保生产面临较大压力。苏码头构造、邛西区块的部分气井位于天府新区，政府重点工程建设与气井生产矛盾日益突出。新区气井普遍超高压含硫，试运行风险高，工艺设备的稳定性、可靠性有待进一步验证。在前期评价过程中，单井轮换试采采用的干法脱硫工艺可能存在高频次脱硫剂更换作业，安全环保生产面临新的挑战。

随着川西北气矿上产步伐的逐步加快，其含硫气田水处理能力与上产形势不相匹配。上产新区含硫气田水出路需被重点关注。初步预测川西北部地区双鱼石区块取得突破后将新增含硫气田水 200 ~ 300 立方米 / 天（按现有水气比折算），气田水被拉运至河 3 井、中坝 7 井回注，远距离拉运存在风险。而剑阁礁滩气藏现有的产出地层水被转输至元坝净化厂处理（龙岗 062-C1 井，日产水 5 立方米 / 天），随着后续评价井的投产，产出气田水的下一步处理将存在不确定性。

3. 气藏地质及井况条件复杂，需持续开展技术攻关

川西地区储层埋藏深、地质条件复杂。上产新区双鱼石区块、九龙山气田钻获气井均为超高压含硫气井，其钻完井工艺实施难度大，二次完井风险高，产能恢复存在不确定性，方案配产存在风险。双鱼石区块栖霞组气藏平均井深超 7 000 米，气藏地质特征复杂，储层非均质性强，已钻获气井产能差异大，双探 10 井测试产水说明气藏气水关系还需通过区块试采进一步明确。九龙山气田钻获气井均为超高压含硫气井，龙 004-X1 井先后发生井筒堵塞和高压节流阀失效事件，超高压气井阀门损坏监控难度大、检测手段有限，超高压含硫气藏开发配套工艺亟待突破技术瓶颈，效益化开发技术攻关对策还需进一步研

究。上产新区气井超深、超高压含硫，在超高压阀门检测、监控，含硫气井井下作业复杂问题处置，井下工具运行稳定性、"三高"气井井筒完整性管理方面仍需开展技术攻关。

4. 与安全、环保生产要求存在一定差距

（1）消防应急处置能力有待进一步提升。川西北气矿新建 2 个天然气净化厂，第 3 个净化厂正在建设中，新增 3 个消防站，导致消防力量分散，且消防战斗人员年龄老化，转岗人员较多，消防应急处置能力有所下降。

（2）环保指标与政府要求存在差距。虽然川西北气矿在油气生产过程中，产生的废水、废气、固体废弃物和噪声达到了当地政府规定的污染物排放标准要求，但与国家日益健全和严格的环境保护法律法规相比，仍存在一定差距。这主要体现在以下两个方面：一方面随气田开发渐入中后期，回注水量逐年增大，回注压力增大，气田水从露头泄漏的风险越来越大，气田水继续采用回注的方式处置是否为唯一出路；另一方面由于井站地理位置等原因，增压机或回注泵安装在靠近厂界边缘的地方，而消声器的选型、减震沟修建材质、降噪房墙体材质等，致使振动和噪声治理效果不好，厂界超标现象仍然存在。

（3）电能利用率低。根据近年节能监测报告，机泵的功率因数或机组运行效率偏低，平均机组运行效率仅为 57.7%；风机机组效率整体偏低，平均运行效率为 53.2%；电动压缩机组运行效率较低，平均运行效率为 57.8%。余热、余能未被回收利用，生产运行过程中的余热、余压回收方面未进行前期论证，存在空白。

二、川西北气矿数字化转型对新质生产力构建的关键作用

2023 年，我国一次能源消费量高达 57.2 亿吨标准煤，约占全球消费总量的 27.1%，这凸显了其在全球能源版图中的核心地位。2012—2021 年，我国虽以年均 3% 的能源消费增长支撑了国民经济年均 6.6% 的稳健增长，但单位 GDP 能耗高企，显著超出全球平均基准，这表明能源效率提升之路任重道远。油气田企业作为能源生产的主力军，是能源消耗的重要一环，其内部能耗占产

出能源比重接近 20%，且单位油气产量能耗指标与国际领先企业相比存在显著差距。在此背景下，中华人民共和国国务院于 2021 年 10 月发布《2030 年前碳达峰行动方案》，该方案明确指出 2026—2030 年行业能效需赶超国际前沿水平的目标，这对油气田企业提出了更为紧迫的节能降碳要求。鉴于增储上产"七年行动计划"与"双碳"战略目标的双重压力，中国石油、中国石油化工股份有限公司（以下简称中国石化）、中国海油等行业巨头积极响应，誓言提前 5 年达成碳达峰目标，将节能优先战略深度融入生产运营各个环节。

自"双碳"战略愿景确立以来，国家层面构建以"1+N"为核心的政策体系框架，以精准指导各关键领域与行业实现碳达峰目标。在此背景下，油气田企业面临着双重挑战：一方面企业需应对日益严峻的能源消费总量与强度"双控"政策环境；另一方面，企业内部节能管理体系的短板逐渐显现，具体体现为能耗计量边界模糊、责任归属不明，能源统计依赖传统手工层级汇报机制导致数据滞后，能效评估局限于抽样检测而难以全面覆盖，以及节能策略仅凭经验决策，缺乏时效性与效果监测机制。为有效应对上述挑战，川西北气矿积极探索能耗管理的数字化转型路径，以强化能耗"双控"并促进价值创造。具体而言，其战略价值主要体现在以下几个方面。

首先，促进节能降耗。川西北气矿通过引入高效节能设备、优化生产流程、实施能耗定额管理、利用大数据分析预测能耗趋势，从源头上减少了碳排放。特别是针对气田开采过程中的高耗能环节，如压缩机运行、加热炉燃烧等，进行了深度改造与智能化控制，显著提升了能源利用效率，预计对碳达峰的贡献率高于行业平均水平，接近或超过 70% 的预期目标。

其次，响应国家战略号召。川西北气矿积极响应国家清洁能源发展战略，将天然气作为主要的清洁能源产品，同时积极探索风能、太阳能等可再生能源在气矿辅助生产系统中的应用。通过建设分布式光伏电站、风力发电装置，以及推广使用电动或氢能驱动的运输工具和生产设备，逐步减少了对传统化石能源的依赖，推动了能源结构向绿色低碳方向转型。此外，川西北气矿还致力甲烷泄漏检测与修复技术的研发与应用，以减少开采过程中的甲烷排放，进一步提升清洁能源生产与利用的整体效率。

最后，促进二氧化碳的综合利用与封存。面对油气开采过程中产生的二氧化碳排放问题，川西北气矿将固碳技术作为重要的转型方向之一。通过加强与科研机构的合作，研发高效、经济的二氧化碳捕集、利用与封存技术，实现二氧化碳从排放到利用或封存的闭环管理。具体而言，川西北气矿正探索将捕集的二氧化碳用于油田增产、工业生产原料或地质封存等方面，这既减少了温室气体排放，又创造了新的经济价值。同时，川西北气矿注重构建固碳技术的全链条评估体系，以确保技术的环境友好性与经济可行性。

第三节 数字化转型目标与愿景：打造油气田企业新质生产力的实践导向

一、提高生产效率

根据川西北气矿对地质认识程度、勘探状况和潜力分析，川西南部下二叠统、火山岩将是 2035 年远景规划的新增探明天然气现实领域，预计可升级探明储量 3000 亿立方米；川西震旦系—下古生界、致密气可作为 2035 年远景规划的新增领域，预计可新增探明储量 3000 亿立方米。

2031—2035 年，川西下二叠统的油气勘探重点及建产区块将向川西南部地区转移；2025 年，简阳地区火山岩将实现局部探明；2031—2035 年，下一步勘探将进一步向白马庙等地区转移，2035 年将实现全部探明，预计提交探明储量超千亿立方米。

2025 年，角探 1 井的勘探发现将推动高磨地区西的北斜坡的震旦系—下古生界的油气勘探工作。由于川北地区井深较深、钻井周期较长，大部分探明工作规划在 2031—2035 年完成，预计提交探明储量超千亿立方米。同时，预计该领域德阳—安岳裂陷槽西侧台缘勘探在 2025 年伴随大探 1 井的实施取得突破。

川西致密气的持续深化勘探是 2025 年重要的勘探工作，2025 年末至 2035

年，该领域将是重要的增储上产领域。川西南部沙溪庙、蓬莱镇组浅层次生气藏发育，预测多期河道砂体面积达 5000 平方千米，预计提交探明储量超千亿立方米。

根据勘探远景规划，在 2031—2035 年，川西北部下二叠统和致密气、川西南部下二叠统和火山岩区块是川西北气矿稳产上产的主要区块，川西震旦系—下古生界为试采、上产新区块，估计在 2026 年末天然气达到 110 亿立方米，2031 年末力争达到 130 亿立方米，建成千万吨级油当量气矿。

川西北气矿 2026 年共计规划生产天然气百亿立方米，年均生产天然气数十亿立方米，2030 年天然气产量达到百亿立方米；2031 年共计规划生产天然气百亿立方米，年均生产天然气百亿立方米，2035 年天然气产量达到百亿立方米，达到千万吨级规模。

2026 年产量重点将安排在双鱼石区块、川西南部下二叠统、火山岩区块、九龙山剑阁礁滩气藏和致密气区块。2031 年产量重点将安排在双鱼石区块、川西南部下二叠统、火山岩区块、川西震旦系—下古生界、九龙山剑阁礁滩气藏和致密气区块。

双鱼石区块将在 2025 年整体探明并生产 20 亿立方米，2026—2030 年通过补充产能井保持稳产；九龙山剑阁礁滩气藏在 2026—2030 年通过补充开发井稳定在 15 亿立方米 / 年；火山岩区块将在 2026 年全部探明，并完成建产，2030 年将逐步递减；川西南部下二叠统将在 2026 年完成试采，在 2031 年进入整体开发阶段，生产数十亿立方米 / 年；川西震旦系—下古生界将在 2031 年完成试采并探明，产量达到数十亿立方米 / 年。

二、实现数字化运营

川西北气矿将建成覆盖勘探开发、经营管理、安全环保全领域全业务链的智能化生态应用系统，形成具有全面感知、自动操控、智能预测、持续优化的智能化生态运营模式。

以智能工作驱动油气产运储销全链机理模型，建立油气生产现场与信息空间全要素连接的一体化资产数字孪生模型，从全局定义天然气产业链数字化新业态，实现油气生产运营敏感参数驱动、动态约束自动化运行、全产业价值链协同优化, 赋能油气田"精益生产、卓越运营", 推动"油公司"模式下的数字化转型, 建成国内领先的智能油气田。

(一)万物互联, 建立天然气生产卓越运营体系

以"两化融合""两个三化""绿色矿山"为指导方针, 持续完善气田生产基础设施物联网建设。通过视频监控、药剂自动加注、自动放空等系统建设, 进一步提升气田生产数据化监控水平, 实现气田生产监控"无死角"; 通过物联网设备的持续改造, 实现设备的预防性管理, 进一步提升气田安全生产管控水平。

(二)数据实时全面共享, 建立天然气生产智能决策体系

持续打造川西北气矿一体化协同应用平台, 实现生产业务流程模块提升与扩展, 实现跨专业、跨部门集成、协同应用。

基于系统开发应用需求、集团公司移动应用平台和川西北气矿企业微信号, 开发移动 App 及拓展移动办公应用, 推进数据有效流转、高效共享, 为员工提供一个高效的协同办公平台、学习平台、信息获取平台。

加强数据深化应用, 基于实时数据形成的生产站场、集输气管网运行动态的仿真模拟, 对生产运行异常、工艺流程异常、设备运行异常进行分析及预警纠偏, 以确保天然气生产安全平稳。

(三)高新技术应用, 建立完备的天然气智能生产维护体系

以增强现实技术、机器学习、大数据分析、设备 / 仪表自动识别、人脸识别等先进技术为载体, 进行远程监督、远程应急指挥、立体教学等业务场景应用, 可以实现生产现场智能化管控。

应用管道光纤振动预警系统及次声波泄漏监测系统, 可以加强管道安全风险管控; 持续完善无人机的深化应用, 可以提升川西北气矿管道管理水平与应急处置能力。

（四）高速通信，确保信息通信安全、稳定、可靠

1. 细化技术策略，强化网络边界防护体系

为确保数字化气田的网络环境安全，各相关单位全面梳理并精准识别各级网络边界。在此基础上，强化局域网边界的访问控制机制，通过严格的权限管理，可以防止未经授权的访问行为。针对工业控制网络，各生产单位需实施物理隔离措施，以确保其独立于其他网络环境，减少潜在的安全威胁。同时，通信与信息技术中心需加强生产网与办公网之间的逻辑隔离，通过技术手段构建一道坚固的防护屏障。此外，网络边界的防护与监测工作也不容忽视，一旦发现穿透网络边界的异常事件，应立即阻断并上报，以迅速响应并消除安全隐患。

2. 提升员工安全意识，筑牢网络攻击防范防线

在数字化气田建设中，员工是网络安全的第一道防线。因此，提升员工的网络安全意识至关重要。针对钓鱼邮件等互联网邮箱攻击行为，切实做好防范工作，引导员工警惕不明来源的邮件及其附件、可疑链接。具体而言，员工应做到"不点击不明链接、不下载不明附件、及时上报可疑信息"，以降低遭受网络攻击的风险。同时，各单位信息管理部门需强化钓鱼邮件信息的发现与收集工作，一旦出现疑似问题，应及时按要求上报，以便迅速采取措施，消除潜在威胁。

3. 强化承包商管理，确保数据安全无虞

在数字化气田建设中，承包商扮演着重要角色，因此承包商管理不当也可能成为数据安全的潜在风险点。对此，应加强对承包商的管理与考核，确保其严格遵守数据安全规定。做好本单位业务范围内涉及的个人隐私数据、业务敏感信息和生产运行数据的安全防护工作，可以确保数据安全无虞。同时，组织承包商清理存储于第三方平台的重要数据，严禁其将重要业务数据、应用系统源代码、工作敏感资料等上传至互联网平台。此外，还需强化对承包商的考核要求，杜绝未经授权擅自使用、发布川西北气矿内部数据的行为，以维护数字

化气田的数据安全。

4.深化病毒木马排查，筑牢终端安全防线

在数字化气田的网络环境中，病毒木马等恶意软件的威胁不容忽视。为此，须加强 WebShell 木马、主机木马等病毒木马的排查与处置工作。通过综合利用先进的安全技术措施，开展全面的病毒木马检查及清理工作，可以确保网络环境的安全与纯净。同时，需完善并健全病毒木马排查及处置流程，将清理工作常态化，以持续保障终端安全。

5.强化密码口令管理，消除安全漏洞

密码口令是网络安全的第二道防线。在数字化气田建设中，员工须严格按照集团公司密码管理的相关要求，完善密码设置并定期更改。针对网络设备、数据库、系统层、域控系统、单点登录认证系统、监测设备、域名控制、服务器主机、应用层等关键领域，须全面审查并管理用户名及口令。通过消除弱口令、默认口令和口令复用问题，确保网络环境的安全性。一旦发现异常账号或存在异常登录情况，应立即采取处置措施，并按要求上报，以便迅速响应并消除潜在威胁。

6.建立网络安全事件上报机制，确保信息畅通

在数字化气田建设中，网络安全事件的及时发现与上报至关重要。为此，须建立并完善网络安全事件上报机制。各单位在自行发现网络安全事件或攻击行为后，须及时汇总并填写网络安全事件上报表，通过即时通将其上报至川西北气矿信息科技部。信息科技部在接到报告后，须会同相关业务部门、数智和调控中心开展事件分析和确认，并按要求上报至分公司。通过这一机制，可以确保网络安全信息的畅通传递，为及时响应并处置网络安全事件提供有力保障。

三、实现智能化管控

按照川西北气矿 2025 年总体规划及信息化专项规划，以"夯实基础、示范先行"为原则，依靠技术创新，打造智能化应用示范工程，实现气田生产动态全面感知、生产运行实时优化、生产作业自动操控、变化趋势提前预测、油藏研究协同高效、决策分析量化支撑。

（一）智能场站

依托油气生产物联网、机器人、智能视频、智能安防等技术手段实现场站的智能化建设。

1. 生产数据

利用带可寻址远程传感器高速通道（Highway Addressable Remote Transducer, HART）协议的设备及生产物联网技术实现所有关键监控点动静态（生产实时、设备状态等）数据的实时采集。

2. 生产控制

利用可编程逻辑控制器（Programmable Logic Controller, PLC）、远程终端单元（Remote Terminal Unit, RTU）、分散控制系统（Distributed Control System, DCS）、安全仪表系统（Safety Instrumented System, SIS）、全球分销系统（Global Distribution System, GDS）、火灾报警系统（Fire Alarm System, FAS）实现场站、阀室、净化厂等数据采集与过程控制，基于 PLC 的 SIS 应独立于其他系统之外；通过设备、数据的单体联锁、区域联锁、整体联锁相结合的方式，可以实现气田或者净化厂的联锁控制；系统采用四级网络架构实现气田生产监控需要。

3. 生产巡检

根据生产工艺的复杂性，采用以机器人巡检、智能视频巡检为主，以人工巡检为辅的方式实现生产现场的巡检工作。

4. 生产维护

利用虚拟混合现实等技术实现生产现场维护的远程可视化操作，通过技术专家的在线互动提高生产维护效率。

（二）智能管道

依托油气生产物联网、光纤振动预警、次声波泄漏监测、无人机、智能视频等技术手段实现油气管道的智能化管理。

1. 生产监控

根据现场勘测结果，在管线生产风险控制的关键节点与重要点设置数据监控与自动控制设备，实现管线生产情况的在线实时监视与异常情况的管控；利用智能管道桩等信息化手段实现管道阴极保护、管道腐蚀等情况的监测；利用次声波泄漏监测、GDS、分布式天线系统（Distributed Antenna System, DAS）、分布式光纤温度测试（Distributed Temperature Sensing, DTS）系统及时发现管道气体的泄漏。

2. 管道巡护

形成以信息化手段巡护为主、以人工巡护为辅的管道巡护工作制度。利用智能视频监控系统第一时间发现管道周边环境的异常；利用光纤振动预警实现管道周边的第三方施工破坏实时监测与预警；利用无人机对管段周边进行大范围巡检，弥补人工巡检盲区，降低人工巡检频次与巡检过程中的风险。

（三）智能调控

通过大数据挖掘、智能模型仿真等技术手段建立以智能预警、智能分析、智能方案优化、智能决策为主要特征的智能调控体系。

1. 智能预警

通过生产物联网数据、机器人巡检数据及智能视频巡检数据的对比，准确判断生产实时情况；通过预先设置的阈值，实现生产异常情况的及时预警。

2. 智能分析

系统根据预置的数据模型，通过数据的变化趋势，分析生产情况接下来可能出现的变化趋势。

3. 智能方案优化

根据可能出现的变化趋势，利用事先预置的模型，给出最优的处理方案。

4. 智能决策

根据已知危害结果或者可能出现危害结果的百分比，自主选择最优处理方案。通过关键阀门的控制实现天然气或者其他生产介质的调控，进而实现天然气生产的智能管控。

（四）智能协同

通过数据集成共享、移动办公应用、数据模型仿真等技术手段建立智能协同办公应用体系，实现生产管理效率的提高。

1. 高效协作新平台——流程管理

日常办公事务线上上传下达，业务线上流转，人员外出申请、用车申请、请销假管理、印章申请等日常办公业务通过流程审批电子化，使人员参与过程清晰可见，权责明晰。将管理权责、业务合规要求植入电子化流程中，可以显性化提示，杜绝推诿扯皮现象，推动人员高效协作，保证任务顺利落地和执行。实现大型业务如大修项目从立项到结算、归档的全业务链管理，可以使各个环节相关业务数据均能穿透查询及展示。

2. 管理监督新办法——业务过程管理

通过业务线上流转，可进行业务过程把控，便于精准管理各个业务环节；可完成项目或事件任务的发布、执行、督办及分析，对项目或事件的全过程进行管理和记录。对拟定的项目或事件目标进行快速分解形成整体计划，每一级任务责任人可再次进行任务分解，子任务完成时间受父任务完成时间管控，这可以避免项目或事件任务执行计划出现偏差。再帮助管理者从宏观角度把控项目或事件计划，同时每一级管控过程均有据可查。

3. 服务职工新园地——组织架构管理

协同平台搭建的组织架构可进行单位组织架构快速调整，支持集团化多单位组织架构设置、多维组织架构设置、多级部门或单位设置、上级部门或单位自由调整等；可实现多维组织架构下兼职管理，自定义扩展和同一组织内部离职、调岗等人员变动场景下工作内容、权限的集中交接，保障工作的延续性，实现人随工作"走"。

4. 数据资源新生态——系统资源集成

通过与其他业务相关信息系统进行页面、数据、流程的集成，业务数据相互推送、深度融合，可实现业务数据一体化，打破信息及数据壁垒，提升管理效率、业务数据报表分析水平，方便相关管理人员查看业务相关数据。目前已实现企业即时通、短信平台、督办管理系统、生产受控系统、门户等的集成。

5. 移动办公新体验——移动平台

通过协同办公移动端的应用，与企业短信平台、即时通信系统数据集成建立协同消息提醒机制，经移动端授权后的人员可随时随地处理协同待办信息、会议通知，在线发起协同事项，填写业务审批单，并能及时查找、联系业务相关办公人员。通过使用业务生成模块，极大地提高了办公效率。

6. 知识分享新方式——数据交互

协同平台打破了人们对传统办公信息化的固有认知，将企业即时通信、门户基础信息查询等需要多套系统才能实现的功能整合到统一平台，实现了单位基础信息共享；通过对人员权限控制信息的查看、上传及下载功能，实现了对业务数据的分级管控；以平台数据为核心，对各业务数据进行了统计分析。

第二章 数字化生产运行战略规划：油气田企业新质生产力构建的转型路径

第一节 数字化生产运行战略规划与蓝图

一、顶层设计

川西北气矿将数字化转型作为重要战略，深度分析了自身转型痛点，结合业务需求明确了"155"工作思路，即"1个理念、5个强化、5个场景"按照整体规划、分步实施、试点先行的策略推进，构建了生产全面受控、数据集成共享、运行智能高效的"数字气矿"。

（一）持续推进一体化调控转型场景

一是试点智能数字助手应用，自动统计生成产销对比报表、调度报表汇总等，进一步提升调控业务数字化管理水平；二是持续开展优化后的"气矿＋中心站"两级数据架构功能验证和改善工作，完成数据架构切换，对中心站监控与数据采集（Supervisory Control and Data Acquisition, SCADA）系统软硬件进行升级，优化组态画面，提高数据传输、控制的可靠性。

（二）持续推广双鱼石生产过程一体化管控场景

一是开展"信息孤岛"专项治理项目，实现双鱼石开发、生产"一张图"等 8 套系统的云化改造，打通数据壁垒；二是依托油气生产物联网项目进行生产网物联网平台建设，搭建生产网"数据中台"，实现生产网系统的统一整合、应用，提高生产网数据共享效率；三是全面铺开生产数据治理工作，提高数据质量，建立长效机制，为一体化协同工作环境提供支撑。

（三）探索致密气"智能化低碳"开发新模式

一是依托四川盆地天府气田梓潼区块沙一段气藏开发先导试验地面工程建设做好区块数字化顶层设计，以业务需求为核心，以分公司数字化交付标准为指导，探索"数字化交付＋运营"一体化的气田数字化建设模式；二是发挥致密气信息化攻关小组技术优势，围绕致密气不同开发、生产阶段特点和工艺控制需求，采用绿色、一体化、低功耗物联网技术，形成致密气经济高效的信息化建设新模式，促进效益开发。

（四）多举措推进老区数字化转型

一是开展井站无人值守改造工作，做好油气生产网物联网建设工程、零碳低功耗智慧井站改造、气田水装车系统改造等项目，大幅提高老区气田数字化及安全管控水平；二是充分利用低功耗仪表、自动开关井等新技术，推动中坝气田自动化、智能化水平提升，打造老区数字化转型样板，为公司老区数字化转型提供经验。

（五）持续推进智能净化厂建设

持续推进剑阁天然气净化厂智能化改造工程、苍溪天然气净化厂二厂数字化建设设计变更前期工作及项目建设，通过先进控制、高精度人员定位、大数据分析等应用实现工厂全面感知、自动操作、智能管理和辅助决策。同时充分总结智能工厂建设经验，形成企业标准。

二、总体目标

到 2025 年，全面落实分公司信息化"1358"①工作目标，开启智能化运营新模式，助力公司数字化转型智能化发展，打造国内两化融合标杆企业。

同时，对配套信息化工作进行了如下详细的部署和要求：

（1）业务发展战略。到 2035 年，建成国内最大的现代化天然气工业基地。页岩气产量力争每五年上产 100 亿立方米以上，天然气产量达到 750 亿立方米，油气当量超过 5 000 万吨。天然气产量规模国内最大；经营业绩国内一流；核心技术和自主创新能力国内领先。

到 21 世纪中叶，西南增长极地位更加牢固。油气当量保持 5000 万吨以上并稳产 20 年。规模实力、核心竞争力和创新创效能力保持国内领先、达到国际一流，使企业成为拥有充分话语权和影响力的天然气领军企业、引领国内天然气技术发展的标杆企业、体现中国特色现代企业制度优越性的代表企业。

（2）信息化工作战略。以打造智能油气田为目标，依靠大数据、云计算等技术，加快 5G 技术应用，实现人员、设备、环境的全面感知、实时监控和自动预警。加快人工智能与生产现场的深度融合，推进生产过程智能操控、设备故障智能诊断，推广机器人、无人机巡检，支撑公司扁平化管理。加快推进龙王庙、页岩气智能气田试点建设，探索业务运行新模式。开展价值链分析和实时效益评估智能应用，建立天然气产运储销优化运行模型，提升公司一体化运

---

① "1"：建立 1 个区域湖——西南区域数据湖与技术平台。"3"：构建 3 个一体化协同平台——勘探开发工程技术一体化、天然气生产过程一体化、天然气产供储销一体化。"5"：建成 5 个智能气田示范工程——高含硫智能气田、页岩气智能气田、智能储气库、智能工厂、智能管道。"8"：持续开展 8 个专业领域数字化完善工作——勘探、开发、管道、生产运行、工程建设、安全环保、营销管理、经营办公。

营水平。到 2025 年，定位清晰、结构合理、运行高效的"油公司"科技创新体系更加成熟完善，初步建成智能油气田。

到 2035 年，形成特色鲜明、开放共享、活力迸发的科技创新体系，自主创新能力和天然气行业标准化能力进入国际"油公司"前列，天然气勘探开发技术全面达到国际先进水平，全面建成智能油气田。

三、实施路径

按照 2025 年初步建成智能化油气田的总体目标，西南油气田分公司"十四五"信息化建设规划总体分三个阶段稳步推进、全面实施。第一阶段（2020—2021 年），"强基础，补应用"，全面完成数字化油气田建设；第二阶段（2022—2023 年），"重示范，构协同"，加快构建数字化一体化协同模式；第三阶段（2024—2025 年），"抓推广，促转型"，初步建成智能化油气田，实现数字化转型，打造国内两化融合标杆企业。2025 年信息化建设规划实施路线如图 2-1 所示。

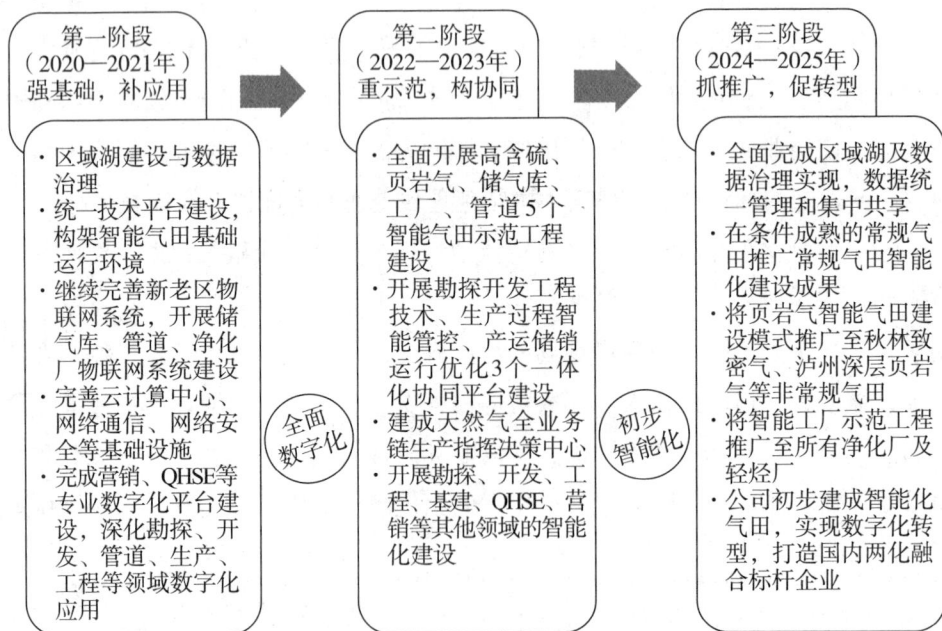

图 2-1 2025 年信息化建设规划实施路线

践行"两统一，一通用"原则，按照"一个整体，两个层次"的总体部署，基于总部梦想云平台和主数据湖的总体部署，结合分公司数字化转型及构建一体化协同的信息化建设思路，在与集团公司信息化架构基本保持一致的前提下，西南油气田分公司 2025 年信息化建设总体架构设计，自下向上包括基础设施、数据平台、技术平台、业务平台（数字化应用、智能化应用、一体化协同）等内容，并按照"1358"的信息化建设内容进行整体设计。

（一）1 个区域湖建设方案

按照总部数据湖 2.0 的总体设计，结合西南油气田通用业务和扩展应用敏捷建设需求，通过连环湖架构实现数据逻辑统一、分布存储、互联互通。数据主湖管理核心数据，支持共享应用，西南区域数据湖管理西南各类数据资产，负责数据入湖治理。

1. 西南油气田区域湖建设方案

基于勘探开发梦想云平台，围绕集团公司数据主湖建设区域湖。部署数据治理环境、共享存储层和分析层，包含 PostgreSQL、Greenplum、OpenTSDB、ElasticSearch、Kylin、Hadoop、DataPipeline 组件；部署数据湖管理工具，实现区域湖的数据库组件、数据模型、数据运行监控和数据服务的管理工作；开展模型标准、数据集标准的建设工作，为数据湖共享存储层、应用层提供稳定的数据结构；开展勘探开发结构化、非结构化数据入湖实施工作，并打通与主湖之间的数据通道；部署数据入湖工具，实现数据自动入湖；部署数据治理评估工具，开展数据治理工作。

（1）数据存储及流转。数据湖采用连环湖结构，对于上游业务通用应用的数据，统一存储到基于 EPDM 2.0 的数据共享存储层 S0；区域湖的数据包括两部分，基于 S0 标准的数据由油田治理入区域湖后统一同步到数据主湖，与油田自建应用相关的数据直接存储到区域湖共享存储层 S1。

（2）区域湖管理应用。油气田负责源头数据采集，以实现自建应用系统数据入区域湖；油气田负责本油田的数据贴源区管理及相关数据治理，以保障共享数据进入集团数据主湖；油气田负责开展区域湖的扩展建设工作，以支撑高速搜索查询、大数据智能分析等应用；油气田可基于区域湖部署本地特色应用。

2. 西南油气田数据治理方案

配套西南区域数据湖建设，遵照"有效性、统一性、开放性、安全性、价值化"的原则，制定公司数据管理办法和各类专业数据应用与运维管理实施细则。全面进行数据治理蓝图规划，遵照区域湖入湖标准，开展数据治理架构与体系建设，制订各专业数据治理方案，开展常态化数据治理监督和考核工作，以整体提升基础数据质量，进一步挖掘数据应用的价值。

数据治理计划总体上分4个阶段逐步开展。第一阶段，建立数据治理机制，健全数据管理制度；第二阶段，制定数据入湖标准，搭建数据治理体系；第三阶段，按照数据治理体系，制订各专业数据治理方案并落地实施；第四阶段，通过数据管理办法和数据治理门户，实现数据考核监督。

（二）3个一体化协同平台建设方案

对油气生产运营各环节中密切联系的关键因素、运行机制、配置策略进行统筹考虑，建立勘探开发工程技术、天然气生产过程、天然气产运储销3个一体化协同工作环境，利用数据的高效流动，突破业务高质量发展制约瓶颈，打造"油公司"模式下"管理＋技术＋核心操作"全业务链优化运营模式，以支撑油气田"天然气＋"5大创新创效模式实现，共同推进"数智西油"的"天然气品牌"创效，进而增强品牌影响力。

1. 勘探开发工程技术一体化

整合各类专业数据，集成主流专业软件，共建一体化研究模型，定制协同研究流程，形成科研协同平台，打通勘探、开发、工程业务壁垒，形成跨专业、跨业务、跨地域线上一体的研究与生产高效互动模式。

2. 天然气生产过程一体化

建立以数据驱动的专业模型，深化各业务管理平台应用，纵向优化气田生产、净化生产、管道生产与应急处置流程，实现天然气生产过程管控优化与安全环保集中管控，提升生产效益，保障生产受控。

3. 天然气产运储销一体化

利用大数据分析等手段，建立上中下游业务数据可信机制，基于天然气全局优化模型，构建集开发、生产、运行调度、市场销售于一体的天然气产运储销联动体系，实现天然气价值最大化，使资源配置更优、价值效益更高。

（三）5 个智能气田示范工程建设方案

有效通过 5 个智能气田示范工程的建设、推广和本地化定制，逐步形成西南区域数据湖、基础底台、服务中台、应用前台、统一入口五层建设，全面加速推进分公司智能化气田的建设进程，助推西南油气田转型升级向纵深发展。

全面建成及推广高含硫、页岩气、储气库、净化厂、管道等重点领域智能气田示范工程，掌握智能化气田设计和建设技术，建立气田开发自动化运行、全局化优化和智能化管理新模式。

以高含硫智能气田为示范的常规气田智能化运营模式：以高含硫为示范逐步建成致密气、川中台缘带等智能化气田应用，构建气藏、井筒、地面一体化模型，利用协同优化技术，形成"智能感知、自动操控、趋势预测、优化决策"的智能生产流程，实现气藏最佳生产状态，降低生产成本。

以页岩气智能气田为示范的非常规气田智能化运营模式：构建覆盖全业务链的智能工作流，打造一体化协同平台，实现生产动态全面感知、变化趋势提前预测、生产运行实时优化、气藏研究与工程施工全面协同、经营管理与战略决策量化执行。

1. 高含硫智能化气田示范建设

借助一体化资产模型和智能化工作流（智能配产、智能跟踪与诊断等），以实现生产监测调控及时准确、全局共享协同优化为主要目标，建立智能气田协作指挥中心，构建"模型＋智能工作流＋开发业务流"的智能气田转型新模式，支撑高含硫气田科学、高效生产。

（1）智能配产工作流的应用场景设计。在对气藏、气井的气藏生产现状、气井生产指标对比、预警、生产曲线变化等生产运行情况全面监控的前提下，综合考虑地层能量均衡运用、气藏边底水体能量及水侵量、气井临界条件、地下地面生产设备系统效率，并对它们进行全方位模拟分析，揭示气藏生产潜力、限制条件，从而获得多种限制条件下的配产优化方案，并对气藏生产动态进行精细模拟表征。将智能配产相关应用发布成梦想云的通用服务，形成基于梦想云的"成熟气藏配产的通用工作流"。

（2）智能跟踪与诊断工作流的应用场景设计。通过气藏、井筒、管网建模与分析过程的展示，实现对一体化资产模型的监测；通过一体化资产模型参数与真实生产系统对比跟踪，实现数据与模型的双向沟通；根据气藏敏感性分析结果确立阈值及启动诊断机制，根据自主研发的多元递归节点反算和神经网络诊断技术确立模型诊断与优化方案，如此反复循环运转，不断调整，不断优化，以确保仿真模型与气田生命周期各个环节的真实状态保持一致。将跟踪与诊断相关应用发布成梦想云的通用服务，形成基于梦想云的"成熟气藏跟踪与诊断的通用工作流"。

2. 页岩气智能化气田示范建设

在数字化气田的基础上，围绕勘探、开发、生产、经营等核心业务应用，设计和部署基于专业计算模型的工作流，在数字化气田的基础上构建跨业务、跨领域的一体化协同平台，实现生产动态全面感知、生产过程自动优化、趋势特征智能预判、管理研究协同创新、辅助决策集成共享。页岩气智能气田的业务目标如图 2-2 所示。

生产动态全面感知 保障安全生产	工程实时监控	生产实时监控
	异常及故障判断	

生产过程自动优化 提高生产效率	配产优化	管网运行优化
	生产参数优化	设备运行优化

趋势特征智能预判 助推增储上产	一体化专业模型	井位部署优化
	钻完井设计优化	体积压裂设计优化

管理研究协同创新 创新管理模式	管理决策协同	科学研究协同
	生产分析协同	基层站队协同

辅助决策集成共享 促进互通互联	数据知识共享化	系统应用一体化
	生产指挥可视化	经营管理精细化

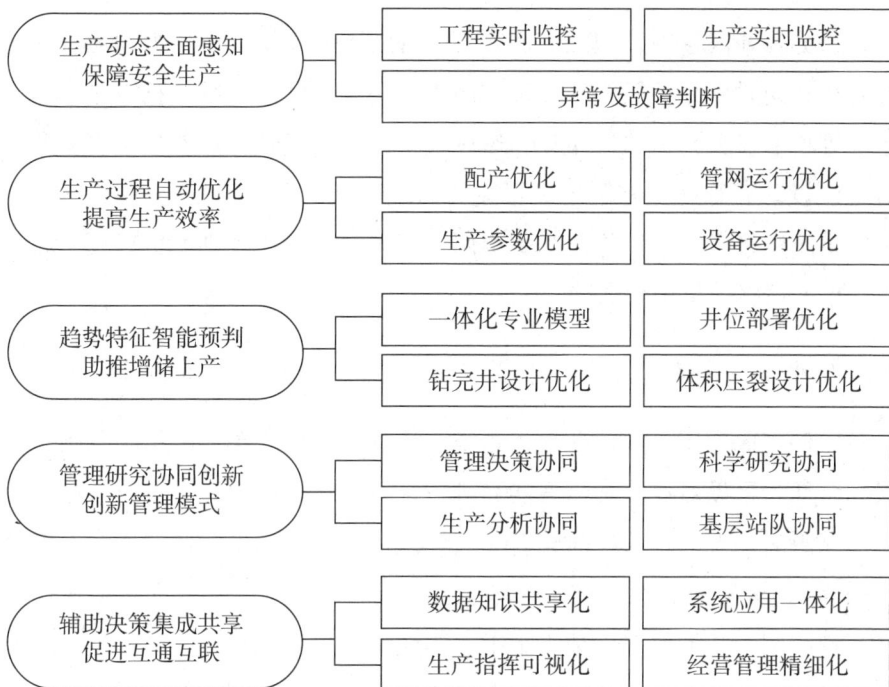

图 2-2　页岩气智能气田的业务目标

2025 年，重点提升地质工程一体化研究能力、勘探开发一体化协同能力，通过建成页岩气智能示范油气田，初步实现科研与生产过程"全面感知、自动操控、智能预测"，构建覆盖全业务链的智能工作流，并将智能工作流与梦想云平台进行有效集成，从而打造一体化协同工作环境，实现"定好井""钻好井""压好井""管好井"4 个目标。

（1）体积压裂与综合压后评估工作流的应用场景设计。通过设计和应用体积压裂与综合压后评估工作流，辅助管理人员、研究人员直观地了解当前压裂作业工区的基本生产情况、压裂作业井数、压裂井场地理信息系统（Geographical Information System, GIS）底图、油藏概述、产气量构成、在岗人员列表等常用信息，实现对压裂过程实时监控、压后效果及时评估。

（2）智能分析工作流的应用场景设计。通过设计和搭建生产态势感知、管网运行优化、积液管理、清管作业监测与清管球追踪、短期排产预测 5 个智能分析工作流，辅助业务人员实时直观感知目标区块内平台、系统外输的综合生产变化趋势及井区管网模型的集输能力，管线不同位置处的压力、流量和冲蚀风险分布；同时以分钟级频率实时监测中心站到集气站干线的积液量体积、液相速度等积液参数和球前液模拟，球后残余液量等清管作业参数，以便及时进行新管线设计、管网调整、主干管线的积液干预，为清管作业提供量化依据；通过提供短期排产预测工作流，评价用户现场当前排产计划的可行性，为实现页岩气生产目标提供地面保障。

3. 智能储气库建设

建立储气库地层、井筒和地面系统一体化仿真模拟模型，精确刻画储气库地层的特征，可以对储气和供气能力进行计算，还可以追踪历史产量趋势，实现储气库瞬时动态分析。同时，对储气库地层、井、储气和供气系统、安全运行进行重点诊断，用大数据技术进行分析研判，用人工智能算法学习预测曲线，实现相国寺智能储气库地下地上一体化动态模拟系统，整合储气库生产管理、运行优化、决策支持分析系统，最终实现实时、远程、基于动态模型预测预警的自动生产管理智能化系统。

一方面，结合相国寺储气库需求及现状，基于梦想云平台，采用微服务技术架构，搭建一套支持数字孪生技术体系的"智能储气库平台"，该平台具备数据全采集、工业智能 App 组态开发、工业数据中心、工业人工智能引擎微服务等功能，可以实现地下、井筒和管网一体化架构；另一方面，将相国寺储气库信息化建设模式持续推广应用到黄草峡、铜锣峡、牟家坪、老翁场等"十四五"持续建设的储气库。

4. 智能工厂建设

结合净化厂、化工厂、轻烃厂等各类工厂信息化现状，从"自动化""数字化""模型化""可视化""集成化""智能化"6 个方向上开展智能工厂试点，并基于试点成果推广公司智能工厂建设。

构建数字工厂，利用地面工程数字化移交平台，实现净化厂设计、施工、竣工等环节的全数字化移交；依托生产物联网建设完成智能仪表、智能视频、巡检机器人、腐蚀监测系统数据互联，实现工厂基础数据全采集，提高工厂全面感知能力。

探索智能工厂，搭建天然气工厂智能数据分析及辅助决策平台，建立工厂重要设备模型和生产工艺全流程模型；依托天然气研究院建立溶剂、气质组分分析模型，打造天然气处理技术远程支持中心，实现工厂工况调整远程技术支持；搭建天然气净化厂、炼化厂完整性管理平台，试点打造智能工厂生产管控一体化智能工作流。

5. 智能管道建设

（1）利用地面工程数字化移交平台，实现管道工程项目设计、施工、竣工等环节的全数字化移交。

（2）利用智能仪表、智能视频、智能阴保桩、远程腐蚀监测、微泄漏监测、无人机巡检、振动光纤预警等信息化技术，提升管道全面感知能力，实现管道本质安全可控。

（3）通过站场自控系统和管网 SCADA 调控中心的升级改造，结合管网在线模拟仿真，实现管道智能调度控制。

（4）通过建设管道管理平台，集成管道全生命周期数据，将控制系统与信息系统数据融合、管理体系与知识网络融合，实现管道全生命周期完整性管理。

（四）8个专业领域数字化完善建设方案

围绕公司核心业务和生产保障业务，借助同一技术平台和统一数据湖，持续建立和完善分公司勘探、开发、管道、生产运行、工程建设、安全环保、营销管理、经营办公8个专业领域的业务应用，实现专业领域内业务流程在线协同，全面提升各专业领域应用管理水平，全面支撑公司各领域业务数字化转型升级，助力"油公司"模式改革。

第二节　数字化生产运行战略实践

一、数字化转型与气矿生产运行模式创新

油气行业作为传统工业产业，面对由能源革命和能源转型加快推进的新形势、新趋势，有效利用以云计算、物联网、5G、大数据、人工智能等为代表的数字技术，驱动业务模式重构、管理模式变革等。持续发展油气田数字化转型要符合数字技术赋能应用、数据体系建设和管理模式变革3项基础功能需求，将数字技术与气田开发生产各项业务充分融合，提升了管理效能和生产效益，驱动了气田开发、生产的数字化转型和高质量发展。

（一）数字技术赋能应用，构建数据驱动高效运营管理模式的能力

1.技术平台支撑

随着信息化、物联网等技术的建设应用，气矿已经建立了相对完善的信息化基础设施和上百套应用系统，主要包括 SCADA 系统、无泄漏监测系统、光纤和次声波预警系统、腐蚀监测系统、生产运行管理平台、数字化管理平台等，覆盖了生产经营的各个方面，实现了生产现场数据自动采集、监控、分析、调整、视频监控、事故预警、事故处置等功能，达到了油气田自动化生产和安全管控要求，为"中心井站 + 无人值守"提供了良好条件，提高了生产管理和运营效率，节约了人力资源和管理成本。

2.辅助决策支持

数字化、智能化已经成为全球生产力变革的关键基础，也是产业升级的支撑性力量。在这一背景下，气矿基于信息化、物联网等技术构建的数字化气田，将进行智慧油气田建设；面对气田开发、生产海量数据及有限人力资源，辅助决策功能能以管道、场站、设备为对象，提供知识图谱；以结构化的形式

将数据建设成果、系统建设成果、数据分析成果等按照地面工程数据标准进行统一整理和组合，展示各类数据之间的逻辑关系，并实现定位、图表、分析、报表及页面的关联，展示管理对象的全生命周期数据信息；打造数据的二次组态功能，提供包括电子沙盘全景组态、工艺流程图仿真组态、大数据分析预警功能、综合监测预警功能、车辆 GPS 信息可视化展示功能、巡检 GPS 信息可视化展示功能等；基于建模和算法、综合专家知识、领域知识及智能分析，形成大数据智能分析应用，为油气田生产管理提供辅助决策支持，帮助员工解决勘探、开发中的实际问题。

通过数字化平台挂接或者嵌入管输效率、井口抬升、噪声分析等一批辅助工具，借助软件自定义生产数据报表，大大提升了员工工作效率和分析准确性，进一步优化了现场生产管理。比如，平台抓取实时数据自动计算管输效率、生产偏差等，辅助双鱼石北干线清管频率增加到原来的 2 倍，南干线清管次数减少一半。根据实时监控分析数据可以对生产运行组织进行及时调整。

（二）数据体系建设，充分挖掘和发挥气田生产管理数字价值

1. 建设数据体系

油气勘探、开发、生产一线，每天都会产生大量的数据，面对气田开发、生产的海量数据，在工业互联网全业务链建立信息化支撑体系的情况下，利用公司 A4、地面数字化移交平台叠加实体对象数据构建虚拟生产系统，并接入 A1、A5、作业区数字化管理平台、开发管理平台、生产运行平台、分公司完整性管理模块等，按照监测预警数据、岗位管理数据、实体对象数据、业务管理数据、地理信息数据等人财物事数据归类，打通之前的信息孤岛，建立数据湖，制定数据标准，开展数据治理、数据共享与大数据分析工作，以全息全景全要素构建虚拟气田，为油气勘探、开发中地质、油藏、采油气工艺、地面建设、生产管理及经济评价等多专业、多信息、多系统、多平台的综合研究智能化、协同化提供数据支撑。以气矿双鱼石区块为例，按照油气生产经营数据、功能应用及属性分类，共梳理出 4 类数据体，分别是空间数据、动态数据、本体数据和组织机构数据，并制定了数据入湖标准和要求，以确保数据的准确和

后期的统一维护、使用。数据体系建设架构如图 2-3 所示。

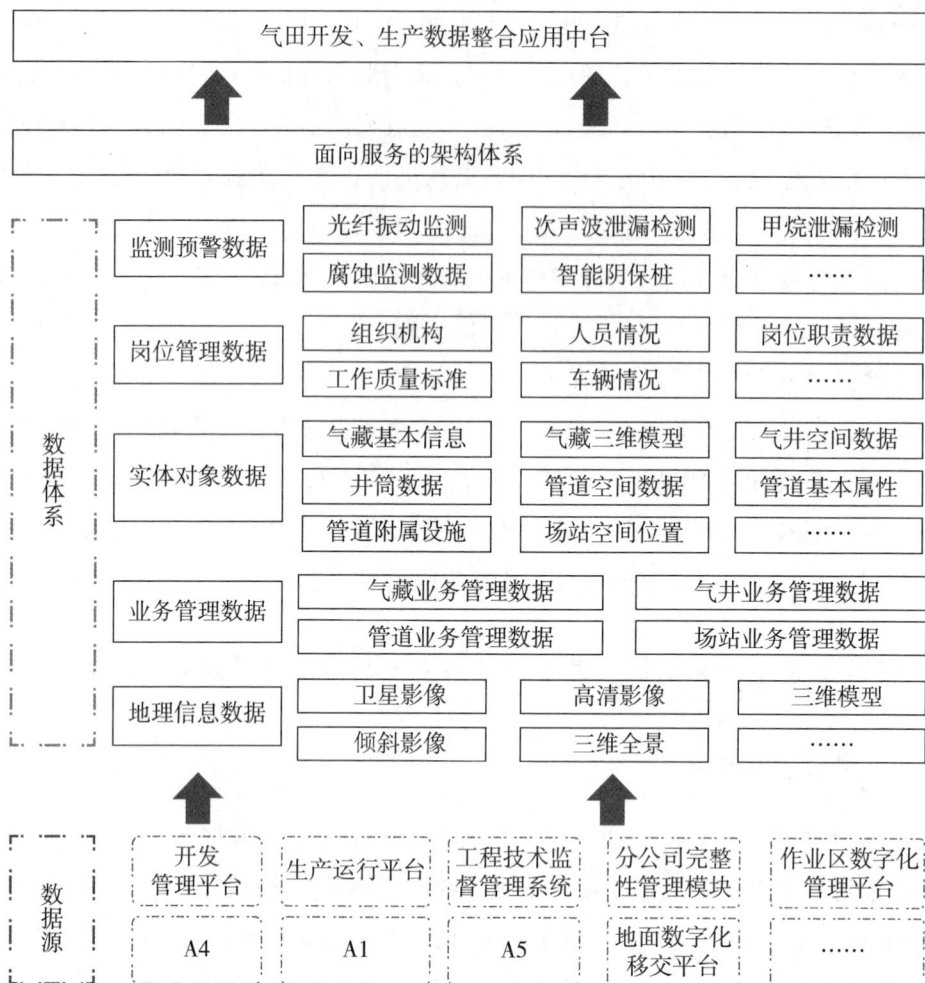

图 2-3 数据体系建设架构

2. 搭建扁平型组织机构

基于气田生产数据协同共享的要求，结合作业区领导、技术信息室主任、中心站站长等不同岗位扁平化管理要求，优化了现行协同流程，建立了标准的工作环境，提供了日常办公（任务待办、工作进度和生产运行计划）、重点信息关注（产销情况、风险作业、设备完好率等）、业务管理、工作报表及数据分析等功能；通过权限控制、后台工作指标配置和自主查询展示，显示了不同的岗位职责工作指标和专题图件，使各个岗位人员能够聚焦自己关注的工作事项和指标；重要事项可形成多层级监控，这能够有效提升工作效率，把控现场工作执行质量，实现从传统"金字塔"组织结构向"扁平化"组织结构的转变。

3. 推行业务工作工单化

要想提高管理效率和员工执行力，主要是让员工知道"干什么、怎么干、干的标准和质量"。立足气田开发、生产管理实际需求，对各实体对象（如管道、场站、设备等）的管理标准及管理过程进行数字化和数据关联融合，进一步完善作业区、中心站两级工作质量标准，细化技术业务管理条例，规范中心站操作执行标准，梳理完善24个岗位409条工作质量标准，实现业务不漏项、操作全覆盖，并将工作质量标准全部转化为数字化工单。在岗位人员完成任务后，其执行结果会反馈给上级领导，系统对执行情况进行统计并以可视化图表展现，随时提醒管理任务工作流程闭环。作业区领导可查看所有人的任务情况，其余人员可查看自己的任务完成情况。在统计过程中，实现了按人、按专业两方面的完成情况展布；井站工单按实际情况，实现了按人、按专业性质、按5大工单类型（巡回检查工单、维护保养工单、常规操作工单、日常事务工单、自主工单）的完成情况展示。员工岗位任务"事事有提醒，步步有标准，事后有抽查"，实现了生产管理工作全过程管控，形成了"规定动作＋线上督促"，确保了工作执行高质量落地。

4. 推行完整性管理、数字化管理

场站完整性管理与数字技术结合，主要是对场站设计、场站施工、空间数据、巡检维护、隐患排查治理和工艺参数管理等数字信息的收集管理。场站数字化管理覆盖设备全生命周期各阶段完整性数据，以设备策略管理、状态监测、故障诊断与预测、设备维护维修为核心内容，依托完整性大数据分析平台充分挖掘设备全生命周期数据所蕴含的价值，通过现场设备身份标签射频识别技术（Radio Frequency Identification, RFID）与设备管理系统、实时数据库等专业系统连接，以及与设备在线监测、管道腐蚀监测等各类感知信息集成，可

实现虚拟环境下设备技术参数等基础信息与设备运行实时数据、阈值报警等信息的同步联动反馈,实时全面掌握设备关键数据;通过设备运行状态分析,可达到实时评估装置目的,为巡检维修、技术改造、购置更新等提供数据支撑,实现突破距离、时间、设备限制的网络化、数据化、可视化、主动化的基于状态的预知性维修管理新模式,进一步降低维修成本,减少维修时间,提升设备运营的效率,为设备全生命周期管理提供条件。

管道完整性管理与数字技术结合,主要是对管道设计、管道施工、空间数据、运营维护隐患排查治理等各阶段数字信息的收集管理,对其进行整体规划、统一标准制定、统一维护管理,可以形成一个完整的管道全生命周期的数据库;通过管道本体、防腐层和阴极保护系统、智能清管检测的实际情况,挂接第三方专业评价软件,定期或不定期对管道进行风险评价、腐蚀缺陷评价、防腐层与阴极保护有效性评价等,将评价结论收录在管道管理数字化平台,根据评价结果,采取适当的应对措施,制定管道"一线一案",如受损管道更换、管道缺陷加强处理、管道周边地质敏感点治理、管道降压运行等,实现管道完整性评价与管理。

5. 重塑业务工作流程

在天然气生产过程中,传统模式按照既定要求开展各项业务工作,业务工作单一化、不具系统性、未形成专业间的有效交互和融合,其按时开展及过程质量管控监管难度比较大。在数字化转型后,天然气生产管理结合新型作业区打造及风险特点变化,从组织架构、业务流程设置、业务工作重点、过程质量管控等方面进行了调整,建立了工作流、管理流和监督流,以适应"油公司"模式下生产现场和作业现场的安全风险管控;工作流驱动不再是单一方式,通过设备属性、工作质量标准、受控管理的任务下发及大数据平台分析预判等,可以建立基于数据体的业务驱动工作流,实现任务工单自动生成、集中监控、在线执行、结果考核的闭环管理,实现人、物、事自主关联,数据驱动为气田生产日常管理工作"千条线"穿引"一根针",不止能管控常规工作完成质量,也能根据生产实情进行临时任务的安排及跟踪,大大提高工作效率和员工执行力;管理流是由气田生产管理行为驱动的,将各项规章制度和标准规范落实到气田开发的每个环节，例如，广元采气作业区综合办公室、技术信息室和生产运行中心共有24个岗位，梳理出了101项岗位工作任务、409项工作质量标准，按照"专业人做专业事"思路，做到了人、岗位、工作质量标准的柔性挂接，实现了各层级管理制度全覆盖；监督流能实时检查关键指标完成情况、成本支出、重大风险作业、工单完成情况等，监督方式由"点对点、级对级"向"扁平化"转变，由此管理人员能及时掌握气田开发总体情况，化解经营风险和安全风险，这大大提高了气田开发管理水平和效率。

6. 推进一体化协同管理

数字化转型非常注重油气生产整个系统的一体化协同，具有跨专业、系统性、效率高的优势。在生产上，采用数据远传、数据共享、智能分析、辅助决策等，对气田开发生产形成多专业、跨平台指挥作业；通过控制中心大屏、现场安防设备及各项监控数据、应急资源等统一指挥、多专业协同配合，可以提高生产作业时效性和科学性。在管理上，按照闭环管理方式，形成勘探开发工程一体化协同研究、天然气生产过程一体化协同管控和天然气产运储销一体化协同运营，3个"一体化协同"重塑业务流程和企业价值，勘探、开发、运行、安全等专业紧密协作，成立一体化协同工作组，高效整合有利资源，形成油气田开发生产管理的强大合力，以实现生产管理效能和经济效益的最大化。

（三）管理模式变革，全方位推进气田数字化转型高质量发展

1. 生产运行模式

依托信息化、物联网等建设成果，生产管理模式逐渐由自上而下的"气矿级＋作业区级＋中心井站＋单井"四级调控方式向"气矿级＋中心井站"两级直线调控扁平化模式转变；单井站建设初期按照无人值守设计、实施，建成投运后，根据现场生产情况及无人值守条件确认，由有人值守逐渐转为无人值守场站，区域按照"一个气田一个中心"设置控制中心，气井生产调控和应急处置权限优先级授权给中心井站调控中心；集（配）气站工艺流程较单井工艺流程复杂，兼顾安全运行和气量精准调配，目前已实现远程自动分输和远程应急

关断等功能，在中心井站级、厂级都能实现远程调控功能，其他级调度中心只进行监视；由数字化转型优化的人力资源，集中培训、考核，锻炼了一支"一专多能"的操巡队伍，形成了"远程集中调控＋中心站操作巡检＋三级单位运维保障"生产管理模式。

2. 日常操巡模式

中心井站巡检、分场站巡检和管线巡检。场站巡检执行"1+1"巡检模式，即电子巡检和人工巡检；中心井站控制中心仪控人员每小时对辖区内生产气井开展电子巡检，巡检标准参照审核下发的场站工艺参数卡片，主要观察油压、套压、分离器液位、闪蒸罐液位、出站压力等；中心井站配置了值班车辆，中心井站操作巡检人员负责无人值守井站开关井操作、异常情况现场处置、日常巡检与设备设施维护保养；每次巡检时，现场人员都将与中心井站控制中心仪控人员一一核对现场各类监测数据和设备状态，确保站控系统显示数据和状态真实可靠。管线巡检按照"3+1+1"巡检模式，即中心井站安排专职管线巡检、外委人员巡检、每季度三级单位领导及技术干部管线三类人员现场巡检；管线沿线安装了技防措施，包括光纤预警系统、次声波预警系统等，大大提升了全天候、全时段管道运行安全管理水平；中心井站设置了无人机巡检设备，其按预定周期或者技防设备发出警报时，第一时间对管线进行沿线拍照和人工智能识别，将高风险管段或者存在第三方占压的视频及图片传回大数据平台，并远程喊话告知相关人员安全风险，实现管道安全风险有效管控。

3. 运维保障模式

利用数字化管理平台、开发和生产数据整合平台及设备管理系统等的数据，充分运用生产数据中台大数据整合、分析的手段，结合数字化管理平台人工上报、设备管理属性驱动和工作质量标准（电子工单）驱动的三种方式，实现设备设施运维保障工作流驱动。除数字化管理平台人工上报问题需受控管理岗任务确认、分发外，其余自动将任务以电子工单的方式下发至中心井站、运维保障班组及外委维护队伍，并在数字化管理平台上实现闭环管理。通过数字化管理平台扫描设备身份证 FRID，将设备设施维护保养及检修信息精准导入数据湖，可以实现设备设施出厂信息、检修记录、维护保养等要素信息准确性和可溯性，实现设备设施全生命周期管理。通过收集的设备设施性能及检修信息，相关人员能有效掌握设备运行状况，提出预知性维修计划等，这大大减少或者避免了非计划停机时间，保障了气井安全平稳生产。

4. 应急处置模式

天然气开发、生产安全风险较高、危害程度较大，给地区经济发展提供了支撑，也对安全提出了新的要求。结合突发事件类型、级别和响应时效等因素，根据天然气生产常见突发事件，区域中心成立了系统内上下游联合应急工作组和地企间应急联动工作组，并制定了区块联合应急预案和地企联合应急预案；为有效整合应急资源、周边居民分布、道路通行能力等信息，区域中心建设了应急指挥平台，在投运前，将场站管道测绘、人居调查、救援资源分布、地理遥感信息、风险评估报告和动态决策辅助等数据整合，建立了区域高风险和地灾敏感点等风险源分布、应急资源分布及空间坐标信息的数据库；应急指挥平台作为突发事件应急指挥和辅助决策的重要依据和支撑，大大提升了应急处置效率。

在正常情况下，各相关单位人员按照职责要求开展场站、管线安全风险监控和预警工作，区域控制中心24小时连续进行场站泄漏监测和管线预警平台监控，为突发事件做好预防准备；在突发事件状态下，按照谁先发现谁先处置的原则，第一时间进行就地或远程处置，根据影响程度划分，启动对应应急预案，并立即转入区域应急工作组统一指挥，实现突发事件的快速处置、应急资源的调动、周边群众的疏散、突发事件的快速恢复等，确保应急处置及时有效，影响范围被控制到最小。

5. 经营管理模式

基于油气田企业网络、数据库、管理平台等数字化建设要素环境，将生产业务流程、财务会计流程和管理流程有机融合；通过业务数据、管理结果数据与财务数据对接，加强油气生产单位成本、人力资源使用效率和员工绩效量化考核的实时反馈和分析，将真实准确地记录生产经营中的经营性数据，支撑生产经营管理决策。在成本管控方面，将物资采购、外委维护、大修项目、员工差旅等关键运行成本数据按照生产业务工作量和区块分摊，实时展布成本费用使用及构成情况，便于动态调整和精细控制成本支出等，可极大地实现成本节约。在人力资源使用效率方面，中心井站车辆、员工、承包商通过便携式人员定位系统分类定位，结合执行工单的内容及执行时长、质量等，对车辆、人员安排合理性及现场操作效率进行动态跟踪分析，可以提升人力资源使用效率，提高生产应急的处置效率。在员工量化考核方面，通过数字化管理平台，员工对完成工单数量、工单难度系数、井站类别系数等关键指标进行折算量化打分，量化结果被应用到员工绩效考核中，通过量化衡量员工工作的质与量，建立有效的激励竞争机制，以最大限度地调动员工积极性和主动性，营造良好的工作氛围。

二、业务流程重组

数字化转型的核心是数据，数据是一切的基础，其工作重点是主动适应从实物资产管理到数据资产管理的变化，重构现行业务管理体系，将管理模式由业务驱动转变为数据驱动，突出体制变革、制度调整、流程再造、管理创效，并与信息技术赋能同步进行、互相支撑。

（一）油气勘探业务转型

1.体制变革

严格执行"分公司+事业部"两级管理模式，实现协同管理。2021—2022年按照分公司部署，全面实现两级管理。

2.制度调整

完善气矿勘探数字化管理细则，明确职责及流程，落实好钻井动态跟踪评价和现场监督管理。2021—2022年按照分公司部署，积极参与转型试点；2023—2025年，逐步完善制度调整。

3. 流程再造

积极参与精细三维地质模型建设，智能工作流建设，提升勘探水平和科学性。2021年，参与业务流程再造相关启动工作；2022年，全面配合流程再造和工作转型；2024年，全面实现流程数字化转型。

（二）开发业务转型

1. 体制变革

根据分公司总体部署，推进老区、新区管理模式转型，2021—2025年逐步实现数字化油气田试点，完成物联网完善推广与深化应用、数字化管理平台升级推广建设，初步建成智能化气田，初步建成以"生产动态全面感知、生产过程自动操控、趋势特征智能预警、辅助决策科学敏捷"为核心要素的智能化工厂，初步实现智能化管理。2021—2022年打造以"工业控制系统＋物联网＋作业区数字化平台"为标志的数字化油气田试点工程；巡检覆盖率达90%，关键数据采集完成率达100%，工艺数据自动化采集率达95%；实现"自动化生产、数字化办公"，使开发及净化业务关键流程的信息化覆盖率达到100%，完成开发及净化业务数字化转型。2025年，全面完成开发及净化业务数字化转型，初步建成智能化气田和智能化工厂，初步实现智能化管理。

2. 制度调整

建立新型生产作业制度。采用"单井无人值守、分区联锁控制和远程支持协作"新型生产管控模式，以作业区数字化管理平台为载体，建立以"智能巡检为主、人工巡检为辅、远程支持协作"的新型生产作业制度。2021年开展开发生产管理流程梳理工作，完善作业区/净化厂巡检工作量标准；2022年同步修订完善中心站/净化厂生产管理、增压、脱硫、脱水、硫黄回收、尾气处理、公用工程、气田水回注等相关制度、管理流程；2025年重点场站/净化厂全面完成智能巡检、智能分析和智能远程协作，实现"单井无人值守、气田分区联锁控制和远程支持协作"的生产管控新模式，达到"生产动态全面感知、生产过程自动操控、趋势特征智能预警、辅助决策科学敏捷"核心能力，实现智能化管理。

3. 流程再造

完善开发生产管理流程。按照分公司统一部署推动"生产现场、管理层级、研究院所"跨层级、跨部门、多专业网络敏捷协同，组织运行模式由"线下专业衔接"向"线上专业协同"转变。2021年持续开展开发生产管理流程梳理工作。推进"三个中心"深化建设，打造气矿决策中心、作业区/净化厂指挥中心、科研单位技术研发支持中心，同步建立协同运行工作流。重点推进气矿完整性管理中心升级完善，打造气矿生产管理的技术支撑中心、数据管理中心、创新创效中心和辅助决策中心。2022年根据示范工程建设情况，梳理完善作业区/净化厂工作流，坚持"一个气田、一个中心"，分类施策、精简流程，根据数字化转型进度同步修订管理流程。2023年实施井位论证地面地下一体化作业，大幅提升井位部署、井位论证工作效率，聚焦数字化管控能力提升，升级打造在线协同平台，持续深化净化各项业务在信息化条件下的制度流程标准重塑。2025年全面实现生产系统的"万物互联、深度感知、自动化生产"和生产管理的"大数据分析、自适应调节、数字化管理"，全面完成开发生产智能工作流的建立与运行。

（三）管道集输业务转型

1. 制度调整

调整管道管理制度与流程。深入对标分析各类措施的应用，以完整性管理平台为核心，突出信息化技术深度应用、管道全生命周期、完整性管理与风险管控，按照分公司的统一部署，结合人力资源的整合，修订管理制度。结合管道完整性管理，加强管道清洁、阴极保护、高后果区、第三方迁改管理和管网适应性分析，结合最新管理要求，研判各项信息化技术的应用效果，开展专项提升工作，逐步提升管道基础管理水平。2022年形成完整性管理平台、无人机巡检、管道视频监控系统应用的管理制度，规范固化应用制度，奠定管道数字化建设的基础。

2. 流程再造

以管道完整性管理为核心，建立静态数据、动态数据、检测修复数据集中管理，协同应用的管理模式，确保基础数据管理的延续性、准确性，发挥数据的决策作用。2021年开展管道完整性管理数据整理入库工作，对阴极保护数据远传、管道巡护、高后果区 / 第三方施工点监控、智能检测及修复信息进行对齐整合，利用信息技术、数据处理技术，结合地面测绘、航拍测量等手段，形成数字化管道的基础数据和模型，为多方位数据及业务整合提供支持，提升气矿数据应用范围，实现管道管理从传统粗放式向数字化、精益化转变。2022年开展管道无人机巡检工作，建立无人机巡检制度，分析巡检效果，做好"人巡 + 机巡"的结合。

3. 重点工作部署

强化高后果区风险管控，2021年运用"AI 视频监控 + 哨兵系统"信息化手段，对管道高后果区周边人员、车辆、机械等敏感信息进行智能识别和安全预警，并增加气体检测的哨兵系统，提升高后果区风险管控和应急处置水平。深化信息化技术手段应用，2024年在气矿9条关键集、输气管道安装次声波泄漏监测、光纤振动检测系统，利用无人机巡检成果开展管道及场站实体可视化及建模展示，完善管道运行监控平台、地质灾害预警系统等，为打造智慧管网提供技术支撑。

（四）生产运行业务转型

1. 体制变革

结合数字化转型工作要求，推进"油公司"模式下调度管理工作，以信息化、科技化手段实现智能调度，建立与之匹配的生产调度管理体系制度。2021—2022年实现直线调度；2023—2024年实现集中调控；2025年初步实现智能调控。

2. 制度调整

着力优化天然气调控管理制度，逐步推广天然气集中调控，实现"远程控制自动化、决策辅助智能化、调控人员精干化"。2021—2022 年修订《川西北气矿调度管理实施细则》，增加直线调度相关管理程序和内容，修改管理流程；2023—2024 年修订《川西北气矿调控管理实施细则》，明确调控中心、作业区、净化厂、中心站/直管站业务管理范围、工作界面、工作流程。

3. 流程再造

2021—2022 年双鱼石区块、剑阁净化厂试点开始直线调度。2022 年底全面推广至各中心站、直管站、中控室；各净化厂中控室增加调度职责；各作业区撤销调度室，改为区域数据监视中心，调度管理业务全部上移至气矿调控中心。2023—2024 年完善生产实时数据建设及预警功能、完善重点场站远程控制功能，对气矿产运销全过程实施集中调度指挥、远程监视控制、维抢修作业协调和管网运行优化，根据生产运行计划，统一调配，优化运行；调控程序由目前的中心站/中控室一级生产管控转变为"气矿+中心站"两级控制。2025 年依托生产运行指挥系统和辅助决策应用建设，逐步形成智能化、自动化辅助决策能力，以减少人工干预，初步实现指挥决策一体化、数据集成化、指挥可视化。

（五）工程技术业务转型

1. 体制变革

建立"油公司"模式下井工程管理新模式，抓好井工程项目专业化管理。2022 年，实行"气矿+事业部"两级管理模式，进一步提升井工程项目运行效率，实现专业化管理。

2. 制度调整

制定配套管理制度。整合设计、现场、实验、检测、监督 5 类数据，统一数据质量管理标准，推进从分散管理向集中管理转型。

3. 流程再造

利用数字化手段"三位一体"推广井工程"气矿、现场监督"管理模式，推进钻完井中心建设及数字化移交。按照"全面感知、远程支持、智能管控"原则，优化钻完井中心建设，全面推进井工程设计、施工、监督数字化，实现"过程管理可视化、远程支持实时化和决策应用智能化"。

4. 管理创效

预计 2025 年，钻井周期缩短 3% ～ 5%，故障复杂时效控制在 10% ～ 15%，井身质量合格率达 100%。

三、协同机制

工作协同是数字经济时代企业打破内外部边界、全方位提升管理效率的极佳手段，而基于数据的精细化运营则是落实企业战略、提升管理效益的重要途径。气矿遵循整体一致性、融通共享性、先进兼容性、经济易用性原则，以标准化设计、标准化建设、标准化运维 3 个标准化为设计理念，以连接为基础重塑业务延展的边界范围，构建气矿协同办公平台，形成"三横两纵"的协同架构，实现决策层、管理层、执行层全覆盖，对不同维度、不同阶段的运营情况统筹运维，以统一的运营赋能企业经营管理，从而释放管理经营活力，提升运营效率。

（一）工作协同

统一目标管理，树立企业员工共同的工作理念与价值观，达成协同主体间的价值观协同，将企业目标转化成组织行为，分解到不同部门/单位、不同个人，同时挖掘协同主体的相对长项，通过目标嵌套融合协同主体，增强企业内部的工作协作能力，保障所有员工个人组织行为的集合达到组织目标，实现协同价值创造，提升气矿组织效率，完成复杂组织形态下的高效协同。

（二）业务协同

工作和业务相互融合，结合气矿生产经营管理实际，依据气矿机关和所属单位管理界面、职能定位、权限划分，系统梳理气矿战略管理、核心业务、管理支持、党建业务，形成气矿业务能力框架。明确制度优化方法、原则，通过业务流的规则梳理，厘清业务交叉点，系统梳理每项业务对应的规章制度，优化完善业务程序，定制独有的业务应用，重塑业务流程，构建管理平台，实现业务协同。

（三）集成协同

整合公司资源、联动企业业务系统、广泛积累数据，打通工作流、数据流，搭建办公业务一体化办公平台，保持企业信息口径统一，通过"PC端 + 移动端"，避免"时空受限"，实现移动办公，通过构建企业信息化生态，为员工赋能，辅助企业管理者进行管理决策。

第三章 数字化技术深化应用实践

第一节 数智技术在净化厂业务链中的应用

一、净化厂概况及现状

(一)剑阁净化厂

剑阁净化厂是西南油气田分公司双鱼石区块栖霞组气藏试采工程的重要组成,主要负担双鱼石区块栖霞组气藏含硫天然气净化任务。剑阁净化厂于2019年12月投产,占地175亩(1亩≈666.67平方米),其设计处理能力为300×10^4立方米/天,固体硫黄生产量为17吨/天,主要装置包括脱硫装置、脱水装置、硫黄回收装置、尾气处理装置及硫黄成型等相关辅助单元。

1.SCADA 系统现状

天然气净化厂生产数据通过 SCADA 系统网络上传至川西北气矿调度管理中心。

2. 网络光纤现状

天然气净化厂的网络光纤可以通至川西北气矿。

3. 数据传输系统现状

外输末站、监控阀室与净化厂组建外输干线 1000 MPLS-TP 环网为净化厂的生产数据、视频监控图像等提供安全可靠的电路保证。外输末站数字通信传输设备 [分组传送网（Packet Transport Network, PTN）设备] 通过接入已建江油总配气站生产网络及办公网络，实现接入川西北气矿及西南油气田分公司生产网络及办公网络。同时，新建净化厂分别租用 1 条 2 M 和 1 条 10 M 数字电路至川西北气矿调度中心，将其分别作为净化厂及内输气田自控生产数据和非自控生产数据的备用传输通道。当光通信链路出现故障时，各业务生产数据可直接传至应急调控中心。

4. 工业 Wi-Fi 系统现状

在净化厂厂区内设置工业无线 Wi-Fi 安全网络系统 1 套。系统由无线 Wi-Fi 控制器、系统服务器、以太网供电（Power Over Ethernet, POE）交换机、无线接入点（Access Point, AP）及相关附属设备组成。安装在室外的 AP 防护等级应不低于 IP66；安装在防爆区的 AP 防爆等级不低于 Exd II BT4，防护等级不低于 IP66，且设备具有整体防爆的防爆认证。

5. 扩音通信系统现状

为满足生产行政和生产调度话音需求，净化厂设置 1 套综合接入设备（Integrated Access Device, IAD）（话音网关接入设备），解决行政话音通信问题，并通过光传输网络接入西南油气田分公司，以满足净化厂的话音通信需求；西南油气田分公司已建有话音软交换系统，为便于管理，本次工程将接入分公司软交换系统中,以便于统一话音管理;IAD 与数字通信传输设备(PTN 设备)放置在同一个机柜中,IAD 与光传输设备的以太网接口板相连,接入办公局域网中。

6. 工业电视系统现状

视频系统架构是为满足净化厂生产指挥调度、安全环境监控、应急抢险而设立的高清工业电视监视系统。根据净化厂的规模和监视点数在净化厂设置高清工业电视监视夜视系统,该系统以计算机、服务器、磁盘存储整列、高清摄像前端、软件为核心,可实现视频图像网络监控和管理。

7. 扩音对讲系统现状

为满足净化厂高噪声和高危险度场合下生产管理和巡检人员流动作业对通信的需要,并为在事故状态下紧急疏散相关工作人员提供广播呼叫服务,在天然气净化厂设置 1 套扩音对讲通信系统;该系统在净化厂相关生产装置区设置扩音对讲话站,在调度室设调度指挥台 1 席,根据工程话站数量,采用无主机系统设备;该系统结合净化厂装置区设置分区广播对讲功能;该系统主控制机柜具备自我诊断功能并可经液晶显示屏显示系统故障信息。

8. 门禁管理系统现状

净化厂设置 1 套门禁管理系统,内部员工凭员工卡读卡开启门禁锁进入,访客办理完登记手续,获得用户访问许可后,持临时访客卡通行。该系统采用 TCP/IP 组网结构,具有联网、进出记录查询功能,可控制开、关、停锁,并且能实时监测门禁锁开、停、关状态。该系统集感应式智能卡技术、计算机网络、视频监控、图像识别与处理及自动控制技术于一体。

9. 火灾自动报警系统现状

净化厂设置 1 套集中式火灾自动报警系统,它涵盖火灾探测器、手动报警按钮、声光报警器、显示盘、应急广播、专用电话、图形显示装置、报警控制器及联动控制盘等关键组件。在中控室配备联动型火灾报警与控制器、图形显示装置、消防电话及应急广播主机各 1 台。此外，在中控楼、35 kV 变电所、消防泵房等区域安装智能光电感烟、感温探测器，并在门厅、走廊、楼梯口等明显位置设置声光报警器、手动按钮、显示盘、消防电话墙孔及扬声器。同时，在配变电室、通信机房、消防泵房等经常有人值班的消防联动相关机房配备消防电话分机，确保火灾预警与应急响应的全面覆盖与高效运作。

（二）剑阁礁滩气藏

剑阁礁滩气藏位于四川省广元市境内，东起苍溪县，南至思依镇—白龙镇一线，西到普安镇，北抵剑门关镇—柏林沟镇一线，区块计算龙岗 62 井区地质储量，动态储量为数十亿立方米。

剑阁礁滩气藏地面试采工程是公司首个自主建设、自主设计、自主运营的超深高含硫地面集输工程，区块建设规模为 140 万立方米 / 天。

区块内新建苍溪天然气净化二厂 1 座、龙岗 062-H2 井单井站 1 座、龙岗 062-X3 脱水集气站 1 座，改建龙岗 062-C1 井单井站 1 座，集气脱水后采用集气干线干气输送工艺。

气田控制中心实现对区块所辖场站、阀室、管线的生产设备、视频监控设备、安防设备的信息采集、展示和远程控制，具备气田内各单元、装置和单体设备的紧急关停及部分装置的自动启停功能。

二、净化厂数智工厂的建设与应用

净化厂结合自身生产特点致力建设以"生产现场高度感知、高危高频自动化替代、安全技防全过程覆盖、生产数据高度融合"为特色的数智工厂。2019年 6 月启动数智工厂建设规划，2024 年 4 月检修完成后初具规模。以"产品气合格外输、三废达标排放、装置安全高效运行"为目标，以"生产现场高度感知、高危高频自动化替代、安全技防全过程覆盖、生产数据高度融合"为建设需求，打造以"全面感知、自动操控、辅助决策"为特征的智能净化厂。

生产网：依托本地物联网数据库及平台；提升生产网应用价值，打造高效、快捷、安全生产现场。

办公网：依托公司数据湖建立工厂数据应用端，提升数据价值，打造特色高含硫数智净化厂。

工厂 DCS、SIS、GDS 可以实现对装置的监视、控制、远程启停及联锁停车保护。

工厂生产网使用北外环光通信链路，自建 300 M 光纤作为主链路，备用 10 M 租用链路。办公网使用北外环光通信链路，自建 100 M 光纤作为主链路，备用 10 M 租用链路；全厂实现无线网络覆盖，带宽为 1 000 M。

在控制方案方面，除常规的比例积分微分（Proportional Integral Derivative，PID）控制外，还有串级、配比、分程、前馈、选择等复杂控制回路，以及对全厂炉类设备单独设计的一键安全点火程序。

在装置现场，部分需要进行就地控制的装置均采用现场 PLC 就地控制，重要参数通信至控制室进行实时监控。

净化厂控制室操作人员通过 DCS 系统、SIS 系统在控制室内就可以完成净化装置的监视与控制，但仍存在大量需要操作人员去现场完成的手动操作、手动作业、手动记录的工作，自动化水平仍有较大的提升空间。

（一）设备互联

1. 智能感知

通过对现场物联网关、HART 采集器、RFID 标签等物联设备的配置，建设净化厂生产物联网系统，实现物联网数据全面采集监控，包括实时生产数据和物联设备动态数据，为智能应用提供持续的数据支撑。通过整合净化厂音视频设备功能及实时跟踪关键设备运行状态，利用视频智能识别和电子巡检技术实现生产装置的智能化巡检。通过对智能仪表、网络通信等状态在线深度感知，整合应用物联设备数据和检维修预测分析结果，保障生产设备的安全平稳运行。

建设效果：建成"万物互联、深度感知"的物联网设施系统，实现"生产系统、周边环境、岗位标准"的万物互联，实现生产系统在线深度感知和自动化生产，由"人防"转变为"技防"。

2. 物联网数据接入

通过实时数据网关汇集各个 DCS、火灾及气体检测系统（Fire and Gas Detection System, FGS）数据（不包括 SIS 数据），并将这些数据提供给本地的物联网网关。支持开放性生产控制和统一架构（Open Platform Communications Unified Architecture, OPC UA）和 Modbus 协议，通过 32 通道的 HART 采集器转换 HART 协议到物联网网关。支持阀门定位器等。物联网网关、实时数据服务运行 10 万点时序数据库，通过 OPC UA、消息队列遥测传输（Message Queuing Telemetry Transport, MQTT）和 Http 应用程序接口（Application Program Interface, API）实现对物联网网关实时数据的同步和存储。

建设效果：百分之百采集现场生产数据，一键调用、自动调整、快速呈现现场情况；有效减少由故障设备引起的不正常报警，巡检设备的正常报警，巡检故障的设备屏蔽报警等。

3. 智能巡检

通过机器人辅助人工或者代替人工完成电站的巡检工作，可以最大限度地减轻基层员工的劳动强度，降低人工巡检的安全风险；充分发挥其自主运行、智能巡检、及时告警、数据分析的特点，实现有效、可靠巡检；推动信息化、智能化与运营核心业务的深度融合，提升企业的安全管理能力。

针对净化厂的巡检任务，基于高清摄像机，利用边缘智能计算系统，对巡检目标进行人工智能分析识别，实现仪表数据自动识别、设备状态自动检查、管线跑冒滴漏自动检查、周边环境和基础设施自动检查等，将识别检查结果上传至人工智能巡检系统，代替人员现场巡检。

预期效果：针对净化厂关键高频次巡检点，通过人工智能巡检系统代替人员现场巡检，可以减少作业人员现场作业的频次，降低作业安全风险，提高巡检质量。

融合多种通信手段，实现内部高效畅通通信交流。构建一个融合计算机技术与传统通信技术的可视化、网络化新通信模式，使人们在应对突发事件时一呼百应，使命令快速下达；实现行政电话、调度电话、消防电话、扩音对讲、无线集群、数据传输、音视频会议、视频监控等众多通信应用服务高度融合，以进行统一调度。

建设效果：融合通信的建设主要基于净化厂内部专网，最大化利用各类通信资源，建立、健全日常综合生产指挥调度管控、突发事件预警和应急保障机制，提高各行业指挥效率。

（二）数据采集

1.生产调度指挥

结合生产运行指挥系统及指挥大屏，建设川西北气矿、分厂与班组生产信息、计划信息、质量信息等多源数据库，为生产管理人员多角度、多粒度、图形化地集中展示了生产信息，如加工进度、超欠情况、累计加工情况、装置运行负荷、质量合格率、环保安全情况、操作平稳率、联锁投用率、硫黄生产情况、工作任务跟踪反馈情况、装置开停情况、累计运行时间等。通过对生产运行情况的监控，生产管理人员可以全面直观、快速准确地了解生产过程，指导生产管理。

建设效果：净化总厂对分厂的生产实时情况及生产统计情况均可以及时掌握。

2.调度指令

由气矿下达指令，分厂接收并分解指令，将指令指定到人，专人定期执行反馈。调度日志，用于班组交接确认，可供权限人员追溯查阅；调度报表，可以为调度决策及例会提供数据支撑；开停工管理，对开停工过程进行规范化管理，并提供装置运行时间统计基础；工作任务跟踪，对布置的任务进行跟踪检查及反馈，确保落实到人，有始有终。

建设效果：对调度任务进行分解、跟踪，并形成反馈，提高公司执行力，做到"令必行，行必果"；一键生成调度报表，为调度工作提供数据支撑。

3.异常报警处置

对各专业各类型报警进行分级管理，对于影响较小、涉及范围为分厂的报警信息,由分厂调度人员及领导进行闭环处理;对于影响较大、涉及范围较广的报警信息,由净化总厂进行闭环处理。为避免误报情况,在报警处理过程中,需要调度人员确认报警信息后进行信息发送。报警信息可通过计算机终端、短信、微信等形式发送。对确认的异常情况进行记录分析,形成调度经验。

建设效果:对异常报警进行分级管理,形成多级闭环管理,大幅提高异常处理效率;对异常情况进行确认,降低误报概率;累计调度经验,提高调度水平。

4.无人值守称重系统

无人值守称重系统包括车牌识别摄像机、智能识别摄像机、汽车衡、称重管理软件、控制器、道闸、红外对射装置、地感线圈、红绿灯、LED显示屏、扬声器等。司机驾驶车辆行驶到地衡入口处,系统自动进行车辆识别并开启道闸,LED显示屏、语音播报提示驶入地衡。在该过程中,红外对射装置实时检测车辆行进状态,并将信息呈现于LED显示屏。车辆停稳后,系统自动称重(车辆不熄火,司机不下车),随后系统读取地磅二次表数据并在LED显示屏显示,之后系统开启道闸,红绿灯提示司机驶出地衡。智能识别摄像机实时监控整个称重过程。

建设效果:节省大量人力资源,较人工称重计量节省人力资源约70%;提高称重安全水平,防作弊措施为企业挽回不必要损失;减少人为干扰因素。

(三)锅炉炉水自动排污

将手动阀门串联控制改为"手阀+气动调节阀+气动截断阀"的控制方式;设置"气动调节阀+气动截断阀"的旁通阀门,便于维修维护;根据锅炉液位情况调整调节阀开度,低液位时可自动切断,实现3台蒸汽锅炉、1台回收余热锅炉、1台一级冷凝器、1台二级冷凝器共6台设备自动排污功能,大幅降低劳动强度与操作风险。

（四）在线分析仪联动自动加药装置

循环水装置安装 4 台在线分析仪、1 台电动排污阀、2 台电动加药开关阀、2 台磁浮子液位计；蒸汽锅炉、回收废锅、尾气废锅、冷一冷二安装共计 27 台锅炉水监测在线分析仪；建立自动加药流程控制逻辑，优化药剂投加量、阀门开关时间。

循环水装置根据实时分析数据与加药箱液位联动，控制药剂开关阀开关时间，以及排污阀开度与开关时间；各炉水装置根据实时分析数据控制自动排污阀开度与加药泵的启停；优化主要工种工作量，减少人工分析频次 6 次 / 天，共 54 个 / 天分析项目；减少现场加药工时 2 时 / 天，降低员工在高含硫作业环境中的暴露时间。

（五）液硫自动装车

将原液硫管线手动球阀改为气动开关截断阀；增加电动绞盘实现鹤管升降控制；增加工业视频摄像头和视觉分析设备，实现充装监视、分析判别、报警预警；增加本安防爆拉线位移传感器，通过视觉系统确认鹤管升降位置；液硫泵新增远程启动功能，增加视频监控确保启泵时该区域安全。

依托设备设施的精细监测，降低员工劳动强度，提高作业效率，液硫装车现场作业量减少 60% ~ 70%；采用自动化控制装置，实现数据采集、平台充装量控制、鹤管升降、液硫泵的启动，充装 1 辆液硫拉运车可减少充装时间约 40%。

（六）智能防爆轮式巡检机器人系统

部署一套智能防爆轮式巡检机器人，融合自主无轨导航定位技术、非接触检测技术、后台大数据分析，实现对设备温度检测、表计度数检测、易燃有毒气体浓度检测、管道设备跑冒滴漏检测。

设置脱硫脱水、尾气回收、锅炉、循环水、集输等区域的表计读取、设备测温、跑冒滴漏检测点位，共计 285 个；每日巡检 2 次，单次巡检 3.5 小时，完成巡检后自动返回充电房进行充电；机器人已执行巡检 125 次，成功执行率为 88%，点位识别率为 91%，发出告警 203 次，属实率为 77%；可减少人工巡检 10 分 / 次的工作量，同时进一步提升了巡检质量；新增声纹识别模块，可在巡检过程中采集关键动设备运行声音数据，并与后台数据进行比对分析，判断设备运行状态。

（七）关键机泵及故障诊断监测系统

对影响生产的关键动设备进行状态监测与故障诊断系统适应性改造，将振动、温度监测传感器安装在机组关键部件上，通过专用分析诊断软件，实现动设备早期机械故障诊断、预警，关键机泵及故障诊断监测系统架构如图 3-1 所示。

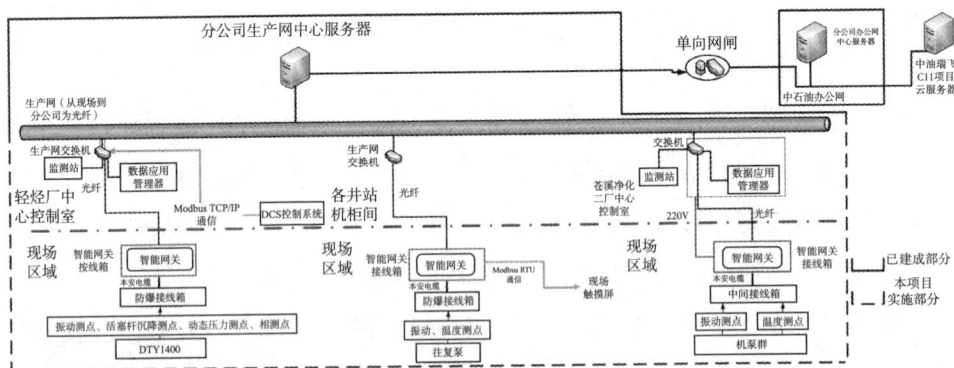

图 3-1　关键机泵及故障诊断监测系统架构

在热贫液泵、回收尾气风机、循环水泵等 16 台关键动设备安装 80 个振动、温度二合一探头，采集 160 个振动数据和温度数据，实现高精度秒级监测；支持声音报警及短信报警推送，及时提醒操作人员、技术干部、工程师关注设备异常；将采集的数据接入西南油气田分公司设备健康管理数字化中心系统。

第二节 大数据在气矿管理中的应用

川西北气矿按照集中采集、质量提升、共享应用的原则，构建大数据平台，实现分布式数据集中存储和一体化分析计算。通过大数据技术应用，构建纵观全局的支撑西南油气田分公司、净化总厂及分厂三级联动大数据中心，实现安全、生产、质量、销售、设备、调度等业务领域核心信息系统和核心数据的综合集中和共享，为管理者提供全面监测运营与分析的决策系统，形成以平台为核心的数据集成共享通道，打破壁垒，增强外部数据获取与分析能力，为各级管理提供数据支撑，实现针对各个业务主题的数据建模、分析及运营监测管理，使公司决策层和管理层"看得到、管得着、控得住"。

一、生产调度分析大数据平台

（一）明确平台建设匹配框架

以开发、生产、净化管理业务应用为驱动，通过对现有的生产运行调度数据服务与共享的流程优化、数据派生计算等技术应用，形成高效的开发、生产数据管理与应用模式和机制，满足一体化调度管理数据应用需求，实现调度数据的科学管理与高效应用，提高区域气田、厂一体化管理水平及科学决策水平（大数据辅助决策如图3-2所示），为生产管理模式由"业务驱动"逐步转变为"数据驱动"奠定基础，形成数据应用管理新模式。通过对物联网实时数据与作业区数字化管理平台工单数据的整合应用，建立基于开发、生产调度数据的专业数据模型和派生应用规范，为其他业务系统提供定制服务，提高开发、生产数据应用服务的质量和效率。最终以"模板化的数据项管理、可视化的派生计算配置、规范化的生产数据模型、标准化的共享服务流程"来支撑开发、生产数据治理及整合应用。

图 3-2　大数据辅助决策

（二）开发生产运行数据整合与智能分析平台、大数据平台

基于数据集成整合模型，实现物联网、SCADA 系统实时数据及作业区数字化管理平台人工采集（基于工单派发）数据的汇集及分析，开发生产运行数

据整合与智能分析平台。梳理井站、作业区、净化厂、气矿生产运行调度数据，以建立数据标准化为前提，着力健全数据关联流程，构建数据应用模型，通过规范基础数据配置、数据质量核查、数据共享服务三大业务数据管理流程，实现数据项模板化、配置可视化、核准智能化、服务共享化，以及数据审核流程化、报表生成自动化、异常提醒智能化，进而实现数据管理与应用的全面提升。

大数据分析平台创建数据可视化与交互中心，让数据转化为不同形式的可视化图表，使管理层用户高效率地获取所需信息，直接明了地得出结论，快速地做出判断和决策。对于其他不同层次的用户，数据可视化同样至关重要，可以根据不同岗位定制其所关注的信息，直观明了地向其展示数据，为用户业务提供支撑。

（三）利用数据质量管理工具，实现生产调度数据的自动核准

利用数据实时趋势分析、日/周环比分析、数据波动限值管理等实时数据管理平台提供的数据质量管理工具，及时发现并处理异常数据；通过大数据智能算法、实时数据库分析函数等，实现生产数据的自动核准；通过数据点位监控（基于实时数据刷新频率的设定）、实时数据波动率与环比异常智能提醒、数据项映射管理、数据对比分析，实现数据质量的全面核查与分级管理。利用实时数据波动率分析技术，计算各数据项波动率的均值和方差，利用正态分布 3σ 原则或分位数法确定合理波动范围，实现对日生产调度数据环比异常的自动提醒，同时与"一键审核"关联，若未完成告警数据处理，系统会自动跳转至数据告警页面，直至处理后才准予审核、发布数据，从而避免数据质量管控疏漏的出现。

（四）利用多维数据仓库联动技术，实现数据分析与深化应用

利用多维数据仓库联动技术，实现数据实时趋势分析、环比趋势对比分析、历史数据趋势分析等功能，满足井站、作业区、气矿各层级对数据综合应用、多维度分析的需求。通过作业区、中心站、井站、管道、用户、工艺类型、时间等维度分析，对产气量、油套压、关井最高油套压等数百个指标建立

用户自定义分析模型与可视化报表。通过选择报表指标与维度、定制表格、预览、审核、固化等操作，可形成内容多样、形式多样的生产调度分析报表，满足个性化数据分析的应用需求。

按照"统一标准、归口管理、业务主导、分级负责、安全共享"原则，实现"一次采集、多专业应用"的目标，建立健全公司数据治理体系；按照专业领域，明确各类数据资产的管理部门和管理流程，建立和完善覆盖全部专业领域的数据标准体系；构建数据治理长效机制，完善公司数据管理制度体系，完善各类业务系统应用和运维实施细则；构建数据管理技术支撑体系，完善智能化数据质控工具，提升专业数据质量控制水平，实现数据质控过程的自动化和智能化。生产调度分析大数据平台建设如图3-3所示。

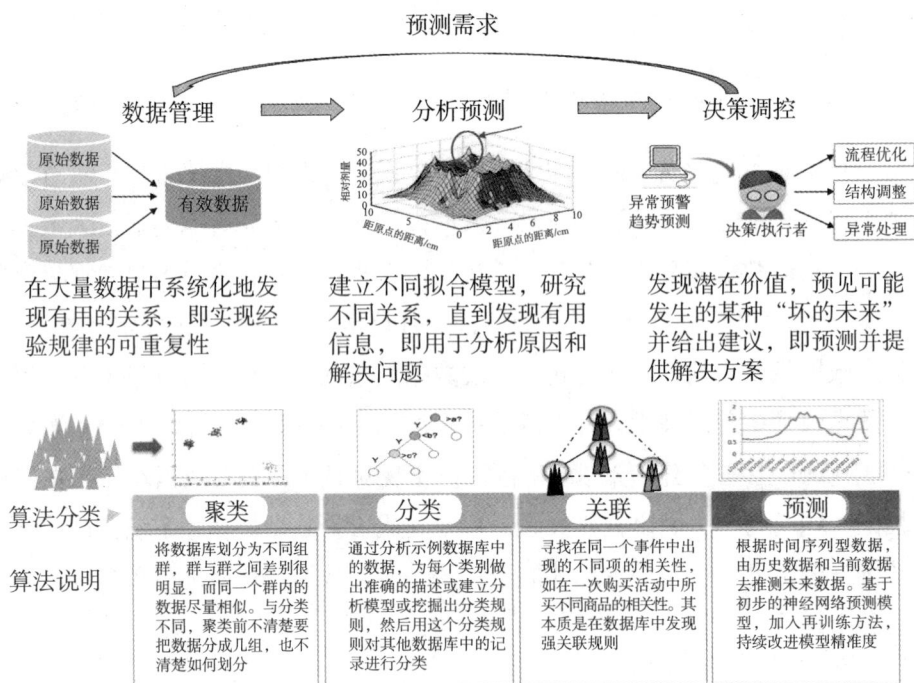

图3-3 生产调度分析大数据平台建设

二、天然气运行风险在线监测预警

利用大数据平台的数据采集及治理成果，结合调度运行模型，实现天然气风险在线预警及全流程应急指挥。

（一）建立天然气运行风险定量评价指标体系

川西北气矿采用逆向思维方式逐步探索建立天然气运行风险定量评价指标体系：通过回溯历史运行方式和调度计划，计算比较大量不同状态下的天然气运行风险，研究天然气运行风险数值分布趋势，进而确定风险分级量化评价指标。由于天然气稳定分析包括井口压力、输送压力及产量等多个方面，因此，在指标确认时需要综合考虑各种故障后果权重及结果展现的直观性，既要客观真实反映系统风险水平，又要便于量化评级。经过大量对天然气运行方式的比选、分类，川西北气矿掌握了自身天然气运行风险分级、警戒数值。

（二）开展区域协同应急演练，提高调度风险控制水平

基于大数据平台，在各级天然气调度中心共享生产数据、趋势模型与实时运行信息。在事故处置时，各级调度中心可以同步感知天然气管网运行工况，及时准确地采取协同一致的处置措施。构建全网一体化联合仿真大数据平台，通过共享的天然气管网模型、医院、消防等资料开展应急演练，组织作业区、净化厂在同一平台开展事故应急处置演练，并从事故处置的正确性、规范性、时效性等方面量化评价各级人员的素质与能力，为天然气的安全稳定运行与事故处置做好人力资源保障，全面提升各级调度中心协同处置事故的能力。将各种典型事故统一纳入平台演练，检验事故处置预案流程与目标的一致性和准确性，在演练过程中，检验各级调度中心针对同一类型事故编制的预案是否规范、流程是否统一、目标是否一致，及时发现并纠正存在的问题。

三、基于生产信息数据的"大运行"管理模式

充分发挥调度中心的"四个中心"核心作用，建立与其相适应的跨区域管理岗位匹配体系。

（一）优化生产调度模式，减少管理层级

实现大中心站一体化生产调度管理模式，涵盖采气、净化、回收、脱水、公用装置、外输、配套等全过程生产运行管理。生产调度由传统的"气矿—作业区—中心站""气矿—净化厂—装置"模式简化为"气矿—中控室／中心站"模式，气矿调度中心直接管理一线场站，可以缩短管理链条，减少信息传递环节，提高处置效率；气矿调度中心直接远程操控重点阀门，中心站实现集中电子监控、电子巡检、远程操控，可以减少用工需求。同步优化广元采气作业区、剑阁天然气净化厂、苍溪天然气净化厂、水电管理中心、气田维护中心、信息站、地质探勘研究所涉及调控方面的职责，一体化生产调度管理模式流程如图 3-4 所示。

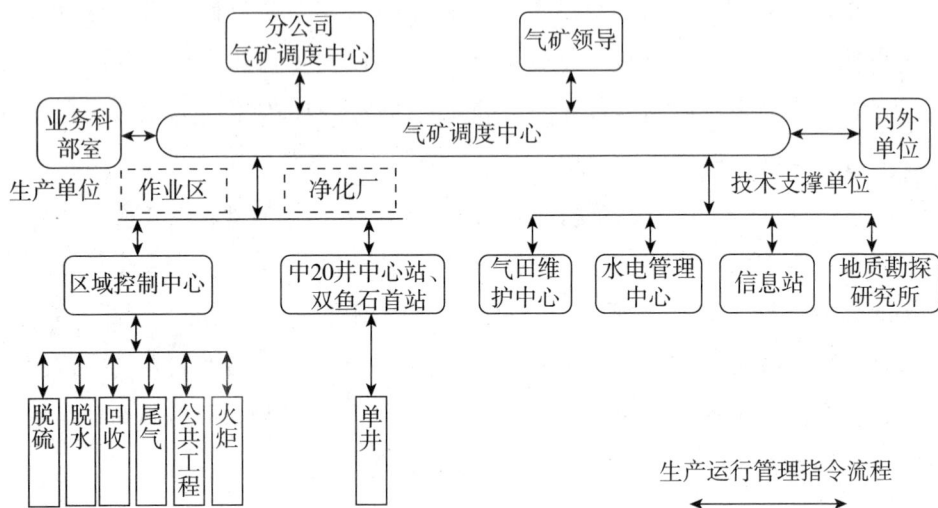

图 3-4　一体化生产调度管理模式流程

1. 气矿调度中心

气矿调度中心负责一体化生产调度相关业务，采用大生产运行管理模式，以产销为核心，涵盖产能建设、单井生产、天然气处理、重点工程推动、管网输送、天然气销售、生产受控和应急等各环节，实现跨区域、跨单位的中心站、净化厂中控室日生产类管理，主要负责生产组织调配指令下达、维修保养及检维修作业等数字管理平台任务派发、生产过程管控。

同时，纵向负责接收来自分公司、作业区（净化厂）及中心站/中控室或直管站的全部生产信息，并对这些信息进行及时处理，直接下达指令至中心站/中控室；横向负责接收和传递上下游各内外部单位、用户的信息，沟通和协调业务相关事项。

2. 中心站、中控室

中心站、中控室由作业区和各净化厂合建共管，日常管理按专业划分由作业区、净化厂负责。净化厂厂区中各类装置由净化厂中控室指挥，各采集输气站由中心站指挥。气量调配、开停产等指令统一由气矿调度中心下达，中心站、中控室负责执行并通报对应作业区、净化厂分管领导，按照分级处理原则具备应急处置权限。

（二）优化管理职责，固化调度核心业务流程

充分发挥气矿调度中心"四个中心"职责功能（图3-5），制定标准操作流程，并依托信息技术系统固化上线运转。同时，依据系统自动记录的流程流转数据信息，开展人员操作或管理的审计监督评价工作，对核心业务流程实施全过程分析管控、调度标准化和同质化管理。

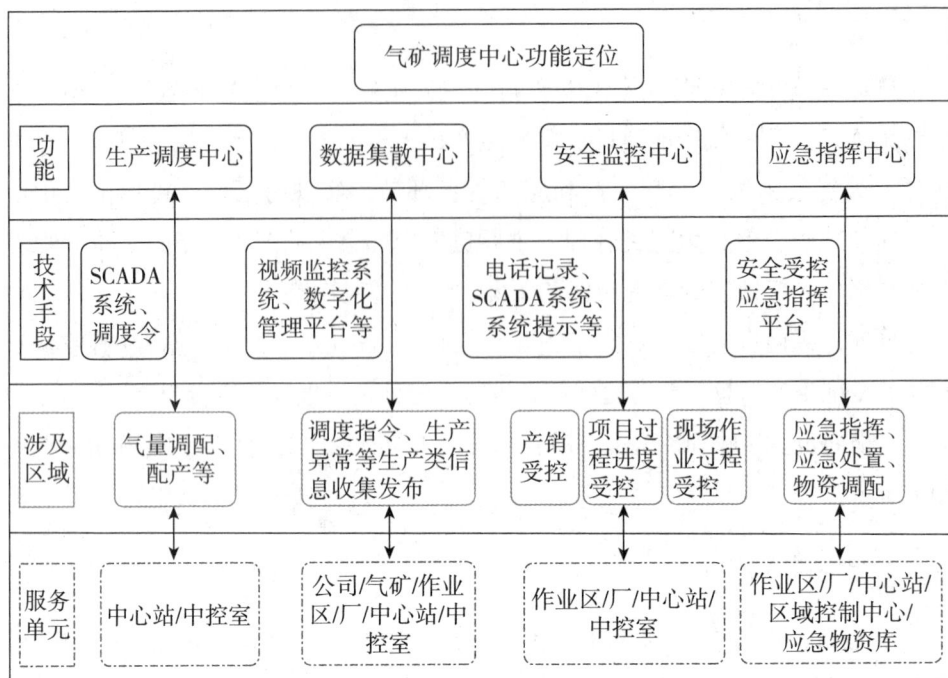

图 3-5 "四个中心"职责功能

生产调度中心通过公司指令、产销平衡情况，运用数据实时监视功能，直线调度指挥中心站，实现远程指挥、实时操控、智能管理。

数据集散中心实现气矿各类生产信息统一汇总，由气矿调度中心组织审查、统一上报、统一发布，确保生产信息源头统一，实现生产信息集中管理，形成"大运行"管理模式，实现实时监控、报警信息分析，开展管道动态分析，通过系统优化，推进智能化调度，实现间歇井生产管理、清管通球提醒；提供信息化生产运行诊断平台，发挥专家专长，通过井站运行参数节点、管网压力节点、井站压差、污水量、净化厂工艺参数等参数变化规律，预测场站、净化厂的运行风险，提出整改措施及管理决策。

安全监控中心充分利用 SCADA 系统数据、数字化管理平台，以产销平衡为核心，涵盖产能建设、产能任务执行情况、重点工程建设、管网输送效率、项目关键节点执行情况、停气连头、销售执行情况等，跟踪各个关键节点执行情况，实现生产运行计划受控。通过生产视频监控系统、工程技术与监督管理信息系统等系统的视频监控抽查生产井站、施工现场、钻井工程、高后果区、第三方施工等，形成自上而下监控机制，督促业务科室及基层单位提高生产受控水平。

应急指挥中心作为应急期间唯一的指挥中心，可以实现对全部资源（人力、物力）的统一调配，通过开展应急指挥辅助决策、应急处置的过程推演，提高应急效率。

气矿调度中心调控人员负责生产监视、远程控制、应急处置、数据管理、生产指挥协调、信息报送、调度指令下达等，需要具有丰富的生产现场管理经验，熟悉生产工艺，清楚流程管网，熟练操作各个系统，具备快速应急处置的能力等。在气矿产量规模快速提升和集中调控减员增效的双重要求下，需要加快专职调控人员能力提升速度。通过开展定期培训、现场办公，实现调控人员能力与自动化现场、信息化系统的匹配。

四、构建基于大数据分析的区域协同调度机制

（一）构建全网协同调度机制

依托大数据分析，及时掌握各区域天然气管线压力及产量负荷增减的趋势，实时分析200毫米以上集输气管线运载情况，通过及时调整生产井产量、跨地区联络线和站内运行方式，实现供输气能力的跨地区支援，使天然气管线输送能力、净化厂净化能力始终保持最优状态，以确保天然气的有序供应。

（二）建立安全防误操作机制

依托一体化数据中心，建成覆盖作业区、净化厂的调控操作平台，使各单位共享全网运行大数据和操作信息同步跟踪关联运行操作进程，为有序操作做好准备，缩短操作时间。在电话调度指令下达的同时，平台通过同步传递信息化指令，确保下令方与受令方均按照正确指令操作，从而将易出差错的风险环节变为相互监督的管控环节。

（三）构建天然气调度与检修作业计划协同机制

通过气矿调度中心与各单位的协作调控，共享风险预警信息，互相提示安全注意事项等，使支持调度权和监控权分离、资产所有权和调度权分离的相关调控机构共享决策信息，为协同开展天然气停气计划管理、提高供气可靠性提供协商调控的平台，实现上下级调控机构及平级调控机构之间停气碰头计划、运行方式变更、新设备投运等天然气生产调控决策信息共享。在此基础上，将设备检修信息、设备运行周期、设备缺陷信息、设备厂商等信息整合在一起，统一进行发展趋势判断，提供设备故障预判分析及辅助决策支持，减少对用户用气影响，提高调度管控水平及效率。

第三节　老气田的数智化改造

一、中坝气田现状

中坝气田当前配置多个关键设施，包括中心站 A、中心站 B 及增压集气中心 C，另设有 1 套轻烃处理系统。各气井产生的天然气首先进入这些中心站被汇总与处理，随后被统一输送至轻烃处理系统进行脱水脱烃作业，处理后的天然气大部分（约九成）被送往中心站 A，其余部分（约一成）则被输送至集气站 D 以供用户使用。整个气田体系内共设有若干站点，具体如下：中心站若干（数量脱敏处理）、集气站 1 座、配气站若干、回注站若干、转水站 1 座及采气井站多座。

目前中坝气田日产气量约为数十万立方米，日产水量则为百余立方米；负责江油片区数十家用户每日数百万立方米的供气任务，以及双鱼石区块每日数百万立方米的上载任务；回注系统承担气矿每日数千立方米的气田水回注工作。

二、信息化系统现状

江油采气作业区中坝片区建成 SCADA 系统 4 套、视频监控系统 6 套、安装摄像机 101 台，DSC/PLC 系统 7 套。中坝片区所属场站均实现了数据实时采集、视频实时监控功能；在控制功能方面，能够实现井口安全切断，但是在管道安全切断、自动排液、上下游联锁等方面还存在不足。

三、数智化改造

（一）中坝 20 井

中坝 20 井中心站包括双鱼石末站区、配气区、集气区、中坝 20 井转水站区，该站主要汇集中坝 20 井中心站单井、双鱼石末站区、净化厂、轻烃装置来气，其被输送至中德线及江油地区万利化工、江电、长钢、鸿飞燃气、绵州燃气、矿机等十余家用户，该站是江油采气作业区天然气外输及向用户配气的枢纽。

1. 井站自控通信现状

中坝 20 井中心站摄像机在 2021 年已全部更换为数字高清摄像机，该站部署激光云台 2 套，能够对双鱼石末站区、配气区、集气区进行全覆盖实时监测。中坝 20 井中心站双鱼石末站区已完成自控功能建设，具备联锁关断功能，目前正在通过"双鱼石外输末站自控阀门功能完善及升级改造"项目完善双鱼石末站区 13 个电动球阀远程控制，配气区各用户远程调压、紧急截断功能，在该项目完工后，双鱼石末站区能够实现压力、流量自动控制，减少人员现场调产操作工作量。

2. 无人值守改造工程

（1）自动排液改造。目前中坝 20 井中心站在分 -20 分离器、分 -80 分离器采用手动排污，每日需要人工排液 2 次，为满足远期场站无人值守工况需求，在分 -20 分离器、分 -80 分离器后端增加疏水阀系统，使其具备自动排水功能。

本工程新增疏水阀橇 1 套，包含疏水阀 1 只、排污阀 3 只、平板闸阀 1 只、手动球阀 1 只。

（2）气举气量手动调整。中坝 20 井集气站通过气举汇管分配各单井气举气量，气举压力在 6 MPa 左右。为满足远期场站无人值守工况需求，本工程对气举管线进行改造，增加电动调节阀，将电动调节阀信号接入场站 PLC，自动调整气举压力。同时对高级阀式孔板节流进行改造，设置整流器，使上游直管段不小于 30D，下游直管段不小于 8D。

（3）双鱼石末站 T5、T6 电动调节阀。双鱼石末站上载中德线 T5、T6（DN150）电动调节阀，原设计考虑一用一备，单路设计流通能力为 150×10^4 立方米，实际上载气量高峰时期为 270×10^4 立方米，迫使双路运行，T5 开度为 90%，T6 开度为 40% ～ 90%，当其中一个阀门出现故障后影响双鱼石片区生产，影响产量约为 120×10^4 立方米 / 天。

本工程将 T5、T6 电动调节阀更换为 DN300 电动调节阀，满足一用一备需求，在其中一只电动调节阀出现故障后不影响双鱼石片区生产，同时与配气区用户及上载中德线电动阀联动，可以减少人员重复劳动工作，精准控制气源分配，提高天然气管网输送自动化监控水平。

（4）集气区单井进站压力监控。集气区中坝 44 井、中坝 37 井、中坝 51 井、中坝 31 井、中坝 80 井、中坝 20 井、中坝 62 井、中坝 19 井进站无压力变送器，不能监控进站压力，不能通过两端压力及时发现管线泄漏。

本工程在中坝 44 井、中坝 37 井、中坝 51 井、中坝 31 井、中坝 80 井、中坝 20 井、中坝 62 井、中坝 19 井进站增加压力变送器，设置高低限报警装置。

（5）安防、语音喊话及对讲功能完善。中坝 20 井属于有人值守场站，未安装双向语音对讲系统，场站视频监控不具备闯入报警功能。根据《西南油气田分公司油气生产物联网系统建设规范》，本工程在中坝 20 井场站设置双向语音对讲系统，现场依托高清网络摄像前端，安装室外防水音柱、室外防水拾音器各 1 只，实现与中心站远程语音对讲。同时摄像机前端增加智能分析模块，若非生产人员闯入，联动场站声光报警器进行报警。

（6）不间断电源系统（Uninterruptible Power System, UPS）功能完善。机柜间目前仅配置 1 台不间断电源设备，不满足产量大于 100×10^4 立方米井站，

UPS 需做冗余配置以满足相关规定，同时原机柜间空间已不能满足 UPS 冗余需求。本工程对中坝 20 井值班室进行改造，缩小值班室空间，增大机柜间空间，并对 UPS 进行冗余配置。

（二）雷三增压集气站

雷三增压集气站设计规模为 120 万立方米 / 天，设计压力为 16 MPa，其主要负责雷三气藏各生产单井所产含硫天然气的汇集、低温分离，且在计量后将天然气输送至天然气净化厂。所产天然气为含硫天然气，硫化氢平均含量为 108 克 / 立方米。2001 年 1 月扩建的雷三压缩机组投运，主要负责对 8 口单井来气进行增压，并将其输往天然气净化厂处理，2023 年 6 月 30 日关停雷三气藏。2007 年修建须二压缩机组，主要负责为中坝气田须二气举井提供高压气举气源；油罐区主要负责剑阁礁滩地层水的沉淀和回注。

该场站目前配置 12 人，两轮值守，每班 3 人。

1. 井站自控通信现状

雷三增压集气站集气区压缩机配置 PLC 系统，集气站部署 1 套 DCS，在集气站能够实现压缩机紧急关断。该中心站原摄像机均为模拟摄像机，无法满足现场监控需求，但此部分已在 2023 年视频大修项目内进行了改造。

2. 无人值守改造工程

（1）增压机喷射阀改造。须二增压机为中坝气田各气举井提供气举气源，在运行过程中，为使各级动力缸温度符合使用需求，需手动对喷射阀进行调节，以保证温度在规定范围内。本工程对喷射阀增加电动执行机构，将信号上传至压缩机控制系统，以实现喷射阀自动调节。

（2）泵的远程停泵功能。雷三增压集气站罐区配置 2 台离心泵，转水阀门、电源启停均需手动操作，离心泵不具备远程控制功能。离心泵增加远程防爆操作柱，将泵运作参数及启停信号接入中心站控制系统，以实现中心站远程操作。水罐进口及出口管线增加电动球阀，将信号接入中心站控制系统，以实现远程截断。将转水泵数据上传至中坝中心站值班室，中心站人员远程监控液位，以实现就地启泵、远程停泵功能。

（三）中坝 013-U1 回注站

中坝 013-U1 回注站担负着处理中坝和气矿其他气田的非含硫气田水回注工作。来自中坝 3 井的气田水进入气田水罐储存缓冲后，经高压柱塞泵注入地层。设计回注压力为 40 MPa，目前回注压力约为 28 MPa。站内有井口装置 1 套、气田水罐 3 台、注水泵 2 台、提升泵 2 台、气田水池 1 座。目前无人值守，由中坝 013-U2 井人员进行管理及操作。

1. 井站自控通信现状

中坝 013-U1 井现场安装 1 套西门子 S7-200 控制系统，具备紧急截断功能，能够对机泵各项参数实施监控。中坝 013-U1 井已在 2022 年视频大修项目中对视频监控进行了升级，并安装了双向语音对讲系统。

2. 无人值守改造工程

中坝 013-U1 回注站内水罐出口、回注泵出口、小循环均为手动阀门，回注泵可以就地启停，回注需要人工操作；水罐无液位变送器无法实现液位远传、报警、联锁控制；过滤器无压差显示，无法被远程监控。具体而言，改造方案如下：

（1）将站内水罐出口、回注泵出口、小循环处气田水处理装置内部手动阀门更换为电动阀门，并将其接入 RTU/PLC 系统，以实现远程控制。

（2）水罐新增液位变送器，将信号接入 RTU/PLC 系统，以实现水罐液位显示、远传，实现水罐液位高位、高高位、低位、低低位报警，并由 RTU/PLC 系统实现液位与电动阀及注水泵联锁控制。

（3）气田水进站前端增加气田水过滤装置，以保证气田水清洁，减少机泵故障。

（4）将过滤器更换为差压变送器，对数据进行远程监控。

（5）将站内回注泵信号接入 RTU/PLC 系统，以实现泵的远程启停，故障报警等。

（6）井口增加远程截断阀进行关断。

（7）增加 EPS，保证停电状态下阀门正常动作。

第四节 老井挖潜创新与数智化应用

在川西地区老井挖潜管理中，气矿深化专项研究，实施引智引技引服策略，突破传统技术限制，针对老气田特性，构建涵盖"气藏、井筒、地面"的14项技术系列，成效显著。针对老区致密气田，利用三维地震及多属性分析技术，明确砂体分布，发展大型加砂压裂工艺；针对受水侵影响的气田，采用"注气＋气举""解水锁＋泡排"等创新组合工艺，结合地面集输系统优化，年均增产天然气 1300 万立方米。在川西北部深层海相气藏方面，聚焦超深井技术攻关，成功研制了 35 MPa 固体药剂加注装置及耐高温、高密度药剂，于某X2 井试验成功，形成了系列超深井排水采气技术，保障了后期高效开发。这些成就依托于"四个一体化"的主要做法，实现了老井挖潜管理的全面创新与实践。

一、"集约一体化"管理架构体系

老井挖潜措施项目类型较多，需要多专业、多岗位人员协同配合，传统管理方式是以气矿机关、机关直属单位、基层单位构成的单一垂直型架构体系，各部门、各单位之间界限意识较强，导致不同类型项目管理流转程序较烦琐，易出现重复工作、效率低等问题。气矿以"管理向下延伸、业务向上集约、专业横向协同"为原则，通过项目管理方法的创新，统筹核心资源，组建统一集约、高效协同的管理机构，优化管理流程，明确各级职能职责，消除职责重复、空白和遗漏现象，形成以岗位职责为基础、措施效益为驱动、考核评价为保障的"集约一体化"管理架构体系，以提升老井挖潜精益管理水平，确保老井挖潜各项工作高效推进及措施效益。主要做法有以下几点。

（一）组建老井挖潜高效管理机构，充分发挥岗位职责作用

为使各层级紧密联系，提高资源利用效率，气矿成立老井挖潜工作专班管理机构，明确专人、落实专岗、开展专项，负责老井挖潜管理的日常工作和具体组织实施，以专班作战确保老井挖潜管理工作落得细、抓得住、压得实、见成效。专班领导小组以主要领导为组长、分管副矿长为副组长，并指定 1 名技术业务分管副矿长为班长，负责老井挖潜工作的组织、领导和协调，下设地质气藏评价组、工程项目执行组、经营管理分析组等 3 个专业小组，实行统一决策、统一指挥、统一协调、统一考核，实现从决策部署、前线指挥到组织实施的管理纵向一体化。老井挖潜工作专班整合集约 13 个机关职能科部室，以及下属"三区、两中心、一所" 6 个基层单位与 3 个专业小组协同作战，覆盖各类老井挖潜措施活动业务链条，实现各业务部门之间、部门与项目之间的数据信息互联互通，既有一体化的整体目标，又有各尽其责的针对性目标。打破专业条块分割难题，实现三大专业换位思考和无缝衔接的业务横向一体化，是突破传统项目管理系统的整体优化方法和途径，可以大幅度提高老井挖潜项目的管理效率。

（二）构建老井挖潜成效评价模式，充分发挥措施效益驱动作用

措施效益是老井挖潜工作的核心价值体现，是老气田实现科学长效开发的评价标准。气矿老井挖潜工作专班建立联席会议制度，实行"一日一跟踪、一周一督查、一月一调整、一季一通报"工作机制，实时跟踪进展及效果，滚动开展老井挖潜目标优选工作；以专班地质气藏评价组和经营管理分析组为核心，形成持续改进型效益成效评价模式。一是定期监测和报告，建立老井挖潜计划台账，每日跟踪更新；每周召开专班例会，通报措施井生产情况与效果，对接挖潜工作实施情况，协调解决存在问题，以确保措施的有效性。二是定期评估和反馈，每月召开措施论证分析会，滚动开展项目优化论证及措施改进成效分析工作，形成动态调整制度，以确保措施的可持续性。三是定期评价和考核，每季度汇报项目成效及考核计划执行情况，部署下一步工作，以提升项目资金管理水平及老井挖潜措施效益。

（三）制定老井挖潜专项激励政策，充分发挥考核评价导向作用

为加强气矿老井挖潜全过程管控，发挥考核评价的导向作用必不可少。结合公司《关于开展天然气加快上产专项考核的通知》等文件精神，气矿制定《川西北气矿2023年加快上产专项工作考核实施方案》，制定奖惩标准，根据参与部门和基层单位的工作责任、贡献大小、员工构成等因素，实施差异化的奖金总额奖扣政策；以"精准施策强管理、老井焕发新活力"老井挖潜劳动竞赛方式进行考评选优，从老井挖潜目标论证、挖潜措施实施、挖潜效益评价3个维度进行考评，表彰奖励老井挖潜先进单位、先进个人、"措施挖潜高产井"优秀小组、"老井挖潜专业样板"优秀小组；紧密结合集团公司"转观念、勇担当、新征程、创一流"主题教育活动，纵深推进"知岗、讲岗、爱岗"活动，鼓励全矿干部职工以"闯"的精神、"创"的劲头、"干"的作风，奋斗在老井挖潜最前线，组建老井挖潜攻坚克难的高效团队，打造人才成长策源地、人才发展新高地。

二、"六维一体化"科学选井流程

老气田面临低压、低产、老井井筒条件复杂等一系列问题，老井挖潜涉及地质、井筒、地面系统多个环节，科学选井是决定老井挖潜工作成效的关键因素，而前期的挖潜研究多为定性描述，挖潜选井依据相对单一和分散，选井原则缺乏对气藏开发现状、工程技术可行性的考量，执行过程存在堵点、淤点和难点，导致项目执行率低且老气田整体挖潜效果不理想。因此，建立新的科学选井工作流程，是目前亟待解决的重要问题。

气矿以研究评价和现场实践有机结合的思路，创立了"六维一体化"科学选井流程，纵向上分为"点面结合论证评价""由点到面整体挖潜"2个维度，滚动研究与措施实施无缝衔接；横向上又分别展开4个维度，按照"三结合、三统一"的挖潜思路，优选挖潜目标，再通过逐步实践深化认识，制定气藏整体挖潜对策，挖掘措施增产潜力，切实做到老气田科学开发、颗粒归仓。主要做法有以下几点。

（一）点面结合论证评价，"一井一策"锁定挖潜目标

在不断强化气藏认识的基础上，气矿梳理形成综合研究评价、选区选层选井、工程条件论证、现场调研踏勘等4大板块相辅相成的研究评价技术工作流程，由原来的单一论证转化为点面结合论证，按照"三结合、三统一"的挖潜思路，即"地层→井筒→地面"三结合综合分析优选目标，"气藏＋采气＋地面集输处理"三统一制定目标井措施，形成点面结合选井原则。这不仅从构造储层评价、开发潜力评价、气水关系研究及开发特征分析等地质气藏综合研究评价方面初步选区选层选井，还结合井筒情况进行工程条件论证、结合地面情况进行现场调研踏勘，进一步确定选区选层选井的可行性，整体兼顾项目执行率和措施成效，促使科学选井目标落地生根，保障老井挖潜措施可行、挖潜增产见效。

（二）由点到面整体挖潜，"一田一案"谋划挖潜对策

为实现老气田的科学效益开发，气矿以单井挖潜为出发点，通过单井挖潜现场实践评价措施效果，再认识、再分析、再论证，分类制定由点到面整体挖潜技术对策，突破开发瓶颈，提高气藏采收率。这主要分为先导性试验边试边行、再次论证评价深化认识、逐步扩大规模规避风险和由点到面实施区块整体挖潜4个步骤。具体而言：从"点面结合论证"优选单井挖潜目标后，开展先导性试验加快项目实施速度；根据其措施效果再次论证评价深化认识，进行挖潜目标和措施方案动态调整；逐步扩大规模推动更多挖潜项目实施，尽可能规避措施效益不理想的风险；进而谋划区块整体挖潜对策，提高老气田整体挖潜效果。川西北气矿针对不同开发特征的老气田，从"点面结合论证"至"由点到面整体挖潜"，制定了中坝须二等5个老气田整体挖潜对策方案（表3-1），有效控制了气田综合递减率，助推了老气田稳产水平再上新台阶。

表3-1 川西北气矿不同开发特征老气田挖潜对策方案

序号	气田	开发特征	挖潜对策方案
1	中坝气田	须二气藏:气藏主体开采均衡,但南、北区低渗带与主体连通性差,压力约为20 MPa,储量难动用	须二气藏:坚持"北排南控"排水思路,精细生产组织,精细储层刻画,落实剩余储量分布,为下一步措施提供支撑
		雷三气藏:目前关停,但具备一定的剩余储量基础	雷三气藏:积极落实剩余储量动用的有效途径,并推动实施
2	平落坝区块	须二气藏:目前已全面水侵,产量分布不均匀,外部低渗区的生产井部分关停,低渗储量动用程度低	须二气藏:优化排水采气技术(完善泡排、增压气举等工艺)
		井筒状况复杂,井下管柱腐蚀速度较快,大部分气井带病生产	落实剩余储量分布,优选气井开展增产工艺改造工作
3	邛西气田	须家河组气藏:水侵影响严重(已水淹),气水关系复杂,剩余储量动用难度大	评层选井,开展纵向多层挖潜论证及实施,拓展潜力层位
			实施泡排、排水、采气工艺及优化生产制度,维持现有气井生产
4	九龙山气田	珍珠冲段及须家河组气藏:全面见水,气井井口产量、压力均较小,产能不足	重点开展地面流程改造、自动开关+地面设备完善等措施,提高气井采收率
		主体区外围气井分布分散,信息化程度低,开关井管理难度大	加快超深井排水、采气工艺专项研究速度,推动现场试验的实施,力争取得预期成效
		海相气藏:已全面见水,气井生产面临水淹风险	
5	白马庙气田	蓬莱镇组气藏:储集层分散且厚度小,气井自然产能低,早期储层改造工艺效果不明显	强化剩余储量分布研究,依托储层改造新工艺,优选气井开展增产改造工艺试验,力争有效提高单井产能
		气井稳产能力较差,开发后期受井筒积液影响相对严重	持续优化采气工艺技术(泡排、增压、远程自动开关井等),提高气井生产时效

三、"内外联动一体化"合作模板

为着力破解老井挖潜面临的资金瓶颈、技术风险等难题，气矿以公司改革三年行动决策部署为依据，采用"油公司"改革思路，探索引进了中石油内外部技术力量及资金投入的老井合作挖潜模式，调研了国内部分油气田的典型案例，创新了"内外联动一体化"合作模板，打造了"多元化"合作模式，建立了"四个标准化"运行管理机制，设置了"定上限分阶段"成果分成方式，为老井挖潜合作业务"从无到有"奠定了坚实的基础，破解了老井挖潜资金、技术、安全管理、收益等风险难题，有机融合并发挥了各自优势，充分利用了中石油内外部市场的资金、技术、人力及物力等资源，形成了合作共赢、风险共担的利益联合体，激发了效益开发动力。主要做法有以下几点：

（一）打造"多元化"合作模式，破解资金及技术风险难题

由于川西地区三维地震资料覆盖率低，已采集的三维地震资料面积小、年代老，对油气富集有利区认识不足，且挖潜工艺措施受老井现有的井身结构、地面条件等限制，老气田效益开发难度大。针对资金投入风险高、技术风险高、措施工艺效果不确定性大等难题，气矿探索形成了"三方联合体"与"风险承包技术服务"相结合的多元化合作模式。

1. 创建"三方联合体"合作模式

典型案例为由川西北气矿、川庆钻探工程公司地质勘探开发研究院（以下简称川庆地研院）、四川江油川西北恒丰天然气有限公司（以下简称恒丰公司）组建的"三方联合体"合作模式，气矿作为甲方，提供老气田挖潜资源基础和现有场站设备设施，川庆地研院与恒丰公司作为乙方共同体，承担老井挖潜项目费用及现场实施措施作业；气矿从恒丰公司处购入乙方应分成的商品气量，恒丰公司向川庆地研院支付技术服务费。该模式促进了生产—服务—销售利益共同体的形成，均衡了风险并发挥了各方优势，实现了整体效益最大化。

2. 创建"风险承包技术服务"合作模式

气矿择优选择专业技术服务能力强、现场作业经验丰富的单位进行合作，采取风险总承包方式，委托乙方负责技术服务措施作业和全风险资金投入，单井增产后结算风险承包技术服务费。典型案例为优选工程院、四川圣诺油气工程技术服务有限公司等专业技术服务单位，联合攻关复杂老井试修作业、超深井排水和采气工艺等技术难度系数较高的项目；积极对接老井挖潜经验丰富的青海油田、辽河油田等外部油田单位，以及西南石油大学、中国石油大学（华东）等高等院校，建立常态化交流机制，共享挖潜措施工艺技术，以"风险承包技术服务"合作模式，开展解水锁工艺、选择性堵水工艺、超短半径侧钻水平井工艺等现场试验。

（二）建立"四个标准化"运行管理机制，破解项目联合监管难题

引入外部合作单位后，项目的论证分析、设计审批、现场实施、成果分成等管理环节都与气矿自行实施的项目管理运转方式不同，因此，气矿建立了一套标准化的联合监管机制，使合作项目各阶段管理流程更加规范化，有利于"内外联动一体化"统筹安排和合理组织，解决联合监管面临的安全风险管控、工作效率提升等难题。在 2022 年开展合作项目先导性试验过程中，气矿建立了"四个标准化"运行管理机制，即"合作项目入池、设计方案审批、项目组织实施、成果分成核算"（34 个业务步骤），确保了措施成效及项目常态化运转，明确了措施各阶段各方的管理界面及职责，实现了合作项目程序规范、合规和措施安全可控的"联责、联产、联效"监管机制。

（三）设置"定上限分阶段"成果分成方式，破解项目收益风险难题

老井挖潜风险合作项目的措施井类型多，资源潜力、增产气（油）量、经济性差别大，同时，措施效果不确定性大，如何调动乙方积极性、规避乙方收益过大风险是关键，决定了合作项目的持续稳步推进。气矿将各类型的老井挖潜项目整体打包，纳入合作项目池进行统一管理，项目池内所有措施井的投

入、成本、收益均计为合作项目池内资金，避免乙方"挑肥拣瘦"，均衡各类型措施项目风险收益；同时，分两个阶段对老井挖潜措施井增产商品气（油）量的收益进行成果分成，第一阶段乙方分成比例高，优先回收投资，促使乙方在有限的合作期限内，尽可能地投入实施各类挖潜增效措施，以获得更高收益，第二阶段双方平均分配收益，并设置乙方收益上限，避免因工艺效果超过预期时，乙方收益远超甲方的情况，既充分调动了乙方积极性，又践行了风险共担、合作共赢的原则。

四、"研用一体化"挖潜增效思路

老气田剩余储量资源"劣质化、边缘化、复杂化"矛盾逐渐凸显，常规老井挖潜措施的费用高、收益低，固有技术服务手段成了制约全方位挖掘老气田增产潜力的主要因素。老井挖潜推动老气田上产稳产，根本上靠科技、靠创新，要在加大老区勘探开发力度的同时，不断调研新工艺、新技术并开展试验应用与推广，创新管用实效的技术服务思路，拓展挖潜技术手段，多措并举开创老气田效益开发新局面。主要做法有以下几点：

（一）完善技术系列，研发提质增效新工艺

在川西地区老井挖潜管理创新与实践大框架下，气矿持续开展专项攻关研究和现场试验应用工作，推行引智引技引服等多项措施，突破现有成熟老区挖潜技术基础，开拓创新、"对症下药"，针对不同类型老气田形成了"气藏、井筒、地面"3大类14项技术系列，提质增效成果显著。其中，老区致密气田对标川中核心建产区，利用三维地震资料，多属性分析梓潼地区沙溪庙组纵向多期砂体的平面展布特征，提出的文1、关6、梓潼2等5口老井沙溪庙组上试挖潜建议获得公司采纳，文1、关6等4口井测试产量合计为28.24万立方米/天，形成川西致密气大型加砂压裂工艺技术；受水侵影响严重的老气田，重点以组合常规排水、采气工艺实现复产，创新"注气＋气举""解水锁＋泡排"等组合工艺技术，配合高低压分输地面集输系统优化技术，年均增产天然气约1300万立方米；川西北部深层海相气藏以工艺技术攻关为核心，持续推进超深井泡排

技术、气举技术现场试验，研制出国内首套 35 MPa 固体药剂加注装置及配套耐高温、高密度药剂体系，并在龙 004-X2 井成功试验，在此基础上将进一步进行持续攻关与应用试验，形成针对气井不同时期、不同气液比、不同井况的系列超深井排水、采气技术，以保证海相气藏的后期高效开发。

（二）创新挖潜方式，开辟提质增效新途径

引进外部投资力量，全力推进中坝雷三气藏再利用。中坝雷三气藏为国内较早开发的高含硫气藏，开发过程中气藏压降均匀，稳产年限长达 15 年，通过近 40 年的高效开采，取得了良好的开采效果和经济效益。2022 年由于低于净化厂设计处理下限，雷三气藏全气藏关停，剩余动态储量 2.66 亿立方米，再利用价值较高。为实现老气田效益开发，气矿拟引进外部投资力量，通过创新"小型脱硫装置 + 第三方运维 + 净化气就地销售"方式，动用气藏剩余储量，预计日增产天然气 8 万立方米。

引进零散气回收工艺，推动未建产井贡献产量。气矿的部分未建产边远零散气井产量低，周边无配套管网，管网投资建设周期长且无经济效益。通过调研了解到车载式压缩天然气（Compressed Natural Gas, CNG）回收装置具有场地要求低、安装简便、操作简单的特点，可实现零散气井灵活生产。气矿计划针对 17 口边远无地面采气工艺流程井，创新采用车载式 CNG 回收装置进行零散气回收，并将其拉运到就近场站回注管网，预计年增产天然气 500 万立方米。

由"服"转"租"，降低生产运行成本。气矿灵活运用财务租赁准则，针对低压排采井，创新思路以租赁低成本小型撬装增压装置方式，将技术服务费转为设备租赁费，在中坝 19 井、川 19 井等 3 口井实施，全年降低生产运行成本 150 万元。该方式不仅保障了气井低成本、有效益连续气举生产，也对中坝南部低渗、高压、储量富集区的评价认识有重大意义。

借力数字化转型，实现老气田减员增效。鉴于中坝 39 井应用自动间开工艺复产，费用仅需几万元，就可以实现全年增产数十万立方米，气矿以"1 口井复产经验带动 10 口井乃至 100 口井"思维，大力推广自动间开工艺在老气田的应用；同时，对场站工艺进行优化简化，配套完善的数据采集、控制、安

防等功能物联网基础设施，利用场站视频监控、无人机巡检等功能，缩减现场操控和管理人员；采用低功耗、低成本技术实现数据采集传输、监控报警，有效降低信息化系统运行成本。

五、取得的成效

（一）老气田持续增产，助力公司跨入"3000 万吨油气当量"油气田行列

自 2020 年探索形成"四个一体化"老井挖潜工作经验以来，依托创新管理实践，气矿老气田产量稳中有升，在 2020—2022 年，实施了数百次老井挖潜措施，措施效率保持在极高水平，年均气量有所增加，累计增产气量显著。老区综合递减率连续多年低于公司的控制要求。特定地区的老气田平均年产量实现了稳步增长，与之前的平均年产量相比，增产幅度较大。2024 年，气矿自营年产量迈上了一个新台阶，为公司天然气的快速增长提供了有力支撑，助力公司产量、销量均达到了历史新高。

（二）老井上试挖潜取得突破，打开川西地区致密气勘探开发新局面

通过"六维一体化"科学选井工作流程，川西地区致密气藏老井上试挖潜取得重大突破，优选川西北部天府气田梓潼区块 5 口老井上试挖潜，沙溪庙组均获气，其中文 1 井上试获气数十万立方米 / 天，创川西北部沙溪庙组直井测试产量纪录，实现纵向拓层、平面拓区，打开勘探开发新局面，支撑 2022 年梓潼区块沙一段提交预测储量超百亿立方米，推动《四川盆地天府气田梓潼区块沙一段气藏开发先导试验方案》完成编制，其已于 2023 年 5 月一次性通过油气和新能源分公司审查，部署先导试验井 8 口，新建年产能 2.15 亿立方米，可增强气矿致密气勘探开发信心，打开川西地区致密气勘探开发新局面。

（三）老井挖潜技术创新创效，引领行业内油气田科学效益开发

气矿创新了"研用一体化"技术服务手段，通过专项攻关和现场试验，形成了适合于各种类型老井的挖潜配套技术体系。其中，重点攻关的超深高压含硫气井排水、采气工艺技术，填补了国际上超深井排水、采气工艺技术空白，为下一步有效动用川西北部深层海相碳酸盐岩气藏 600 亿立方米地质储量提供了保障，同时为后续公司龙岗礁滩气藏、塔里木及中石化等国内油气田有水气藏，提供了切实可行的超深井排水、采气工艺全新技术思路；创新了"三高"气井完整性管理技术对策，以某典型井为例，通过提升井筒完整性管理评价与管控能力，成功实现了开采条件的优化，累计增产天然气量超过了千万立方米，有效支持了其他几口井提高采收率，预期会带来显著的天然气增产效益。这一实践为行业内同类复杂条件井的后期效益开发提供了新的思路。

（四）老井挖潜合作模板应用前景广，促进行业内外风险合作项目建成

通过近 3 年的实践应用与总结改进，在公司统一工作部署引领下，气矿探索创立了以"多元化"合作模式、"四个标准化"运行管理机制、"定上限分阶段"成果分成方式为核心的"内外联动一体化"老区挖潜风险合作模板，支撑了公司形成《西南油气田分公司老区措施挖潜增效合作工作指导意见》。其中与川庆地研院建立的老井挖潜风险合作模板在公司范围内进行了多次经验分享，并在公司范围内率先实施了 9 口老井合作挖潜项目，为后续兄弟单位拓展合作项目技术服务领域和服务方式提供了借鉴，体现了"优势互补、互利共赢、协同发展"的核心思想，有利于建立公开公平竞争的市场化经营机制，对油气田内外部企业风险合作起到了指导作用，具有很高的借鉴和广泛的应用推广价值。

（五）数字化基础设施持续完善，赋能川西地区老气田智能化管理

老气田总体以实现"中心站＋无人值守"管理模式为目标，以经济效益为核心，以低成本方式持续完善数字化基础设施建设，赋能川西地区老气田智能

化管理。气矿采用远程自动开关井技术，推动50口井成功实现无人值守自动化生产，节约一线操作员工近30人，减少400余车次/年，减少成本百万元/年，2020—2022年累计增效千余万元；2022年利用无人机巡检技术，对老气田无人值守场站及管线进行巡检，累计巡飞6366千米，优化管道巡检工4人；对200余口长停井、阀室等采用低功耗、低成本技术实现数据采集传输、监控报警等功能，信息化管理覆盖率达100%；目前川西地区老气田场站信息化覆盖率达94%、可视化覆盖率达90%、无人值守率达81.62%，优化了人力资源配置，盘活了员工70余人，有效支撑了气矿新区上产、净化业务"一厂变三厂"的人力需求，成功实现了减员增效，实现了新型采气作业区"两室一中心"集中调控、智能化管理，提高了老气田智能化风险管控水平。

第五节　新气田的数智化建设

一、区块基本概况

双鱼石区块位于广元市剑阁县和江油市境内，双鱼石区块栖霞组气藏试采工程已建场站10座（其中采气井站8座、集气站2座），区块内集输管网采用"枝状＋放射状"管网方式布置，集气工艺采用单井集气与多井集气相结合的布置方案。单井天然气在站内节流、加热、分离、计量后，由集气支线气液混输至各集气站，生产分离后经集气干线输送至净化厂。经净化处理后的天然气主要通过新建管道输往江油方向，一部分通过已建管线输往广元方向，一部分供江油地区用气，剩余部分转输至中坝输气站后接入中德线，在中德线及下游沿线各点进行配气下载。双鱼石区块栖霞组气藏试采工程于2019年12月27日整体投运。

各单井原料气在单井经节流、加热后由集气支线输送至下游集气站，集气站原料气经分离、计量后进入下游集气干线，再通过集气干线输送至剑阁净化厂处理。输送工艺为支线气液混输、干线气液分输；计量工艺为各单井连续计量；防冻工艺为各井站设置加热炉防止水合物形成。

区块新建剑阁天然气净化厂 1 座，设计处理能力为 300×10^4 立方米／天，包含脱硫装置、脱水装置、硫黄回收装置、尾气处理装置。新建配套辅助生产设施：硫黄成型装置、空氮站、火炬及放空系统、燃料气系统、分析化验室等。

剑阁净化厂建立了 DCS 过程控制系统和 SIS 安全联锁系统，实现了各装置区域管网压力自动调节及超压放空，降低了设备、管道超压破裂造成的大面积泄漏的风险。在微小泄漏检测方面，净化厂采用人工巡检和气体检测系统（Gas Detection System, GDS）相结合的方式进行泄漏情况检查及检测。脱硫、脱水、硫黄回收、尾气处理装置区和硫黄成型、锅炉装置区共设置 125 台气体泄漏检测仪表。GDS 设置在中心控制室，装置区内的气体泄漏检测仪表检测值超过高报及高高报报警设定值后发出警报。操作班组收到警报后，安排操作人员立即到现场检查确认，操作人员根据现场检查情况在物联网事故事件闭环管理平台上上报泄漏事故事件并执行事故事件闭环管理流程。

二、系统架构设计

（一）总体架构

以气田管道完整性管理体系、场站完整性管理体系、净化厂完整性管理体系及甲烷管控管理体系为规范指引，基于分公司现有的服务器、网络、硬件等基础支撑环境，结合《西南油气田分公司甲烷减排措施》的要求和双鱼石区块实际需求，在 A4 空间数据库基础上，对川西北气矿双鱼石区块的基础地理信息、管道基础数据、场站基础数据、净化厂基础数据及环保监督基础数据进行抽取、清洗、转换、整合，形成甲烷管控数据库，服务于分公司气田开发管理部、质量安全环保处、川西北气矿、广元作业区及双鱼石区块等用户。

（二）功能架构

结合甲烷减排需求和双鱼石区块用户实际需求，并利用分公司SOA架构体系，在分公司开发生产管理平台的基础上扩展完整性管理功能模块，在分公司"安眼工程"平台的基础上扩展甲烷减排环保管控功能模块。其中，包括新建甲烷减排环保管控、净化厂完整性管理、泄漏监测预警数字化管控、分公司完整性管理模块整合应用等4个子模块，升级完善电子沙盘、管道完整性管理、场站完整性管理等3个子模块。

（三）数据架构

基于分公司A4、川西北气矿安全管控及应急指挥系统及地面数字化移交平台数据成果，整合管道、场站、净化厂的风险评价数据、密封点检测数据、检测评价数据、生产环境数据等静态数据，以及光纤第三方破坏预警监测、次声波泄漏预警监测、环境质量监测等实时监测动态数据，最终形成动静结合的甲烷管控数据库，支撑完整性管理模块和甲烷减排环保管控模块应用建设。

（四）集成架构

整合分公司A4、川西北气矿安全管控及应急指挥系统、双鱼石区块精细三维模型成果，通过SOA技术平台，集成生产实时数据平台、自然灾害综合防治管理系统、剑阁净化厂物联网管理系统、各类监测预警系统、中国安全生产研究院（以下简称安研院）检测评价报告软件、安研院风险评价软件及安研院腐蚀缺陷样品库管理系统数据信息，整合管道与场站完整性管理试点软件成果、川西北气矿安全管控及应急指挥系统、川西北气矿管道数字化操作管理系统等，建立完整性管理功能模块和甲烷减排环保管控功能模块，并通过页面集成的方式分别将其集成到开发生产管理平台和"安眼工程"管理平台中。

三、系统功能设计

在气田管道完整性管理体系、场站完整性管理体系、甲烷管控管理体系的支撑下，基于A4地理信息系统，充分利用2019年完整性管理试点工程和

2020 年完整性管理试点工程成果，扩展完整性管理功能模块，提供电子沙盘、管道完整性管理、净化厂完整性管理等功能，对西南油气田分公司减少天然气开发过程中由管线和设备的失效泄漏而导致的甲烷排放具有显著的意义。

（一）电子沙盘功能升级

结合《西南油气田分公司甲烷减排措施》的实际要求和特点，充分利用酸性气田管道完整性管理数字化成果应用平台成果，移植并升级电子沙盘功能模块。按照业务板块维度和对象板块维度进行组织，提供二维三维场景漫游、数据分层（管道及附属设施、场站、净化厂、宗地、周边环境、应急资源等）、综合查询（属性查询、空间查询）、动态标绘、勘探开发专题、开发建设专题、生产运行专题、管道场站专题、风险管控专题、地图工具等功能模块，完成各类时空数据、静态数据、动态数据的数字化管控，为各级领导、业务人员、技术干部提供空间数据查询的载体，为甲烷管控提供空间数据支撑。

1. 电子沙盘适配

基于川西北气矿安全管控及应急指挥系统原有电子沙盘功能，结合双鱼石区块的要求和特点，利用分公司 A4 平台的三维引擎，将电子沙盘架构从 C/S 版本升级为 B/S 版本，提供综合查询、数据分层、热点场景、三维漫游等功能，实现全方位、多角度管道、场站完整性管理数字化成果展示。

2. 动态标绘功能

动态标绘可以提供用户在线标绘功能，通过标绘工具在地图上进行标绘，包括井站标绘工具、桩点标绘工具、管线标绘工具、文字标注工具、点标注工具、线标注工具等，通过动态标绘，可以丰富作业管理手段，提升业务管理效率。

3. 勘探开发专题

集成 A4 平台的矿权、探井工程数据，收集地震测线、储量等数据，基于 A4 平台提供的二维地图和三维地球等基础地图成果，制作区域油气勘探专题图。通过汇总数据、统计图表等方式，展示川西北气矿和双鱼石区块的矿权概况、储量概况、地震动态、探井动态等信息。通过图层控制、快捷查询、详情等功能，实现油气勘探指标的监控，主要包括矿权概况、储量概况、地震动态、探井动态及专题地图等指标可视化。

4. 开发建设专题

集成 A4 平台、井工程运行管理系统等的开发矿权、油气储量、含气构造、气藏、开发井、集输管网、生产计划、产量、钻井工程动态等信息，基于 A4 平台提供的二维地图和三维地球等基础地图成果，制作区域开发建设专题图。通过汇总数据、统计图表等方式，展示川西北气矿和双鱼石区块的产能信息、生产动态、集输与处理动态等信息。通过图层控制、快捷查询、详情等功能，实现开发建设指标的监控，主要包括开发矿权、油气储量、含气构造、气藏、井工程、集输管网、开发动态及专题地图等指标可视化。

5. 生产运行专题

集成分公司生产运行平台、生产数据平台等的生产计划、日数据、实时数据等信息，基于 A4 平台提供的二维地图、三维地球、生产井、场站、管线、净化厂等空间数据，制作区域生产运行专题图。通过汇总数据、统计图表等方式，展示川西北气矿和双鱼石区块的生产动态、单井生产情况和集输净化和外输气量等信息。通过图层控制、快捷查询、详情等功能，实现生产运行的动态监控，主要包括生产动态、单井生产情况、集输原料气处理、净化气产量、外输净化气及专题地图等指标可视化。

6. 管道场站专题

集成分公司 A4 平台、川西北气矿安全管控及应急指挥系统和川西北气矿管道数字化操作系统等的管道场站及附属设施数据，基于 A4 平台制作管道场站专题图。通过汇总数据、统计图表等方式，展示川西北气矿和双鱼石区块的管道场站数量、分类、服役年限等信息。通过图层控制、快捷查询、详情等功能，实现管道场站指标的动态监控，主要包括管道场站分类统计、设备统计、高后果区分类统计等。

7.风险管控专题

集成川西北气矿安全管控系统、管道数字化操作管理系统和分公司自然灾害防治管理系统，基于A4平台二维和三维电子地图，叠加风险作业、问题隐患、山洪地灾风险点、易水淹场站、高后果区、第三方施工等数据，制作风险管控专题图。通过汇总数据、统计图表等方式，分类展示川西北气矿、双鱼石区块的各类安全风险汇总指标，实现风险管控业务指标的监控，主要包括风险作业、问题隐患、山洪地灾风险点、高后果区、第三方施工及专题地图等指标可视化。

（二）管道完整性管理功能升级

充分利用酸性气田管道完整性管理数字化成果应用平台成果，移植并升级管道完整性管理模块。该模块以《中国石油天然气股份有限公司气田管道完整性管理手册》为基础，按照管道完整性管理"数据采集""高后果区识别及风险评价""检测评价""维修维护"及"效能评价"等五步循环法，全面实现管道完整性管理全过程、全要素管控，并深化应用管道检测评价模块和维修维护模块，新增管道检维修一体化功能，打通与川西北气矿管道数字化操作系统对接，实现管道维修维护计划智能化提醒、任务工单自动下发、结果反馈闭环管理，确保管道运行本质安全，防止管道发生事故性泄漏，以达到油气线路部分甲烷减排的目标。

1.管道检维修计划

基于管道高后果区识别、风险及检测评价结果，综合评估管道安全状态，并依据风险等级智能制订管道检维修计划。该计划通过与川西北气矿管道数字化操作系统的无缝对接，实现了智能化提醒与任务工单的自动下发。具体而言，首先，利用A4平台的二维与三维电子地图精确定位管道问题区域，辅助生成针对性的检维修计划。其次，通过开发专用接口，系统能智能化地提醒维修任务，并将任务工单自动推送至数字化操作系统，确保维修工作的及时性与准确性。最后，系统再次对接数字化操作系统，自动获取维修结果数据，与原始计划相匹配，形成完整的闭环管理。这一过程不仅强化了管道运行的本质安全，还借助先进的数字化工具，实现了问题区域的快速定位与高效管理，为管道的安全运维提供了有力支持。

2. 巡检记录

通过接口获取巡检详情，如人员、管段、时间、轨迹及信息等，并利用A4地图服务定位人员、复盘轨迹。数据以汇总、图表、列表等形式展示。

3. 第三方施工记录

通过接口获取施工方的全面信息、施工位置、预警等级、风险、时间、进展等，同样以多种数据形式展示，确保施工监管的透明度与安全性。

4. 效能评价

基于失效记录，统计管道失效变化，分析完整性管理成本，并统一管理相关文档。失效记录：以列表和曲线图形式展示气矿和作业区每年的失效记录及数量变化，支持多种查询方式。管理费用成本：以柱状图展示川西北气矿及其作业区的完整性管理成本费用分布。文档管理：分类管理、完整性管理文档，包括规划、工作方案、一线一案、管理文件及评价报告，提供文件的上传、预览、下载及删除功能。

（三）净化厂完整性管理功能拓展

结合《西南油气田分公司甲烷减排措施》要求和净化厂实际需求，利用三维可视化、数字孪生、物联网等先进技术，在开发生产管理平台完整性管理模块基础上，拓展净化厂完整性管理功能模块，实现净化厂完整性管理数据的数字化管理、可视化展示和深度数据关联分析，以确保净化厂运行本质安全，防止净化厂发生事故性泄漏，以达到油气净化厂部分甲烷减排的目标。

1. 数据采集

对接设备综合管理系统、生产数据实时监控平台等信息化平台，基于剑阁净化厂三维模型，以列表、快捷查询等方式展示场站的基础信息、站内设备信息（动设备、静设备、安全仪表）及运行情况、组分分析信息（天然气组分分析、气田水组分分析）、用水信息、用电信息、用气信息、能耗异常信息、生产实时信息、视频监控信息、缓蚀剂加注信息等。点选列表或三维模型（支持点击列表快速定位），通过模型可视化展示设备、业务详细信息，包括设备总体运行情况、静设备运行情况、动设备运行情况、组分分析信息、用水信息、用电信息、用气信息、能耗异常信息、生产实时数据、视频监控信息及缓蚀剂加注信息等。

2. 风险评价

建立全面的风险评价数据分析模块，该模块集成静设备基于风险的检验（Risk Based Inspection, RBI）风险评价、动设备以可靠性为中心的维护（Reliability Centered Maintenance, RCM）风险评价、安全仪表系统安全完整性等级（Safety Integrity Level, SIL）风险评价、工艺危险与可操作性研究（Hazard and Operability Analysis, HAZOP）风险评价等多种评价方法。通过风险矩阵、柱状图等可视化工具，以及净化厂三维模型，实现了风险点的精确定位与评价结果的可视化展示。

在 RBI 和 RCM 风险评价中，系统自动生成风险矩阵和环状图，展示高、中、低风险项，并支持在三维场景中查看风险点详细信息。同时，根据下次评价时间，系统提供到期预警提醒。对于 SIL 和 HAZOP 风险评价，系统生成风险柱状图，支持在三维场景中定位风险点并查看详细信息，同样提供到期预警功能。

此外，模块还包含定点测厚、探针腐蚀监测和挂片腐蚀监测数据分析功能，以列表形式展示检测记录，支持通过历史曲线查看壁厚和腐蚀速率变化趋势，并支持在三维场景中定位测点位置。

在维修维护方面，系统基于净化厂三维模型，通过数据列表和模型闪烁提醒等方式，可视化提示到期预警信息。同时，提供关键阀门维护测试计划、执行机构维护计划和压力容器年度检查计划的查询功能，支持模糊和精确查询，以及设备快速定位和信息查询。

系统还具备维修维护提醒功能，根据计划维修维护日期提前提醒，并可通过列表在三维场景中快速定位查询到期设备。然后，系统获取维护维修记录，并与维修计划进行关联，形成维修维护闭环管理。

3. 效能评价

图形化统计剑阁净化厂内设备失效数量、失效次数的对比情况，分析失效率变化情况，统计每年净化厂内设备维修及升级改造费用情况，总结、积累完整性管理经验；以数据列表的方式展示失效记录详情、维修及升级费用详情。

第六节　一体化智能调控应用

一、气矿集中调控现状

川西北气矿勘探、开发实现重大突破，天然气产量不断创历史新高，区域产销矛盾明显，管网气体流向调整频繁、调配多样化，各基层单位突发应急情况多，上下游联动面广。气矿物联网建设全面完成，气矿已建成信息化调度中心（Dispatch Control Center, DCC）1座、调控中心（Regulation and Control Center, RCC）3座、信息化中心站13座、信息化生产场站173座、信息化阀室26座，生产场站信息化覆盖率达到93.6%，阀室信息化覆盖率达到55%，SCADA系统的逐步完善，可以为数据深化应用奠定基础；视频监控系统在施工现场、高后果区等多领域应用，已使气矿具备数字化气田建设信息化基础。开发生产管理模式快速转换，实现"中心站＋无人值守管理模式"，形成集中片区管控，优化利用人力资源。

（一）集中调控

集成资源、信息、管理，进行整体优化配置和统一管控。集中调控的实现涉及整个气矿生产管理颠覆性的改革，在管理上涉及流程的变化、机构的调整、单位职能的改变、岗位职责的优化等方方面面；在技术上涉及"调控中心—井站"的信息化、自动化方面的改造，以及 SCADA 系统、国光计量系统、生产运行系统、安全管控系统等多个生产网和办公网系统的优化调整。

（二）产运销一体化联动体系

实现气矿全生命链条一体化集成展示，数智分公司、气矿 QHSE 监督站、江油应急抢维修大队等多单位、多部门进行协作，使气矿成为公司首家水电、生产、净化、输配集中管控中心，保障跨领域、跨区域、跨环节协作。

（三）气矿一级调度

完成对 14 个中心站、4 个直管站、3 个净化中控室、5 个变电站的点对点一级调度，有效缩短管理层级；统一调度指令，提高 1 倍调控效率，整合风险过程管控、信息网络安全。

（四）资料数据层优化

坚持中心站属地管理原则，对气矿—中心站生产、销售数据进行录入、审核、发布，对气矿调度中心—中心站日常操作工单进行审核。

二、气矿调度中心的定位

气矿调度中心是气矿产运销一体化的"中枢神经"，集钻场运行监控、天然气生产指挥、集输气管网操作运行、数据采集分析处理、"两个现场"管控、维抢修力量调度协调、维稳反恐等多种功能于一体，以 SCADA 系统为基础，通过先进的计算机技术、网络技术、通信技术、专业软件系统，制订涵盖天然气全产业链条的产运销计划，进行统一指挥、集中调控，并提供生产技术管理、远程技术服务等多方面的技术支持和保障，充分发挥生产调度中枢、应急指挥中心、安全监控助手和安保反恐平台 4 大职能。

三、集中调控的信息化应用

气矿调度中心在保持稳定运行的基础上，全面实现"调控中心—中心站/中控室（直管站）"一级调度生产运行管理模式，全力推进"调控中心＋场站"集中远程控制功能，对生产调度与装置、设备、管道等集控功能实施集约融合和统一管理，将先进的智能监测、分析、控制系统整合至调控体系。以集约化、扁平化、专业化为主线，变革组织架构，明晰职责界面，建立纵向、横向的协同管理机制，建立新型气矿集中调控管理体系。

川西北气矿重点生产实时数据整合展示：通过重点生产实时数据的整合应用，实现重点生产实时数据在办公网和移动端的展示，为各级生产运行操作和管理人员提供实时的业务管理参考依据，提升生产运行管理效率。

川西北一体化调控中心集成展示：集中调度，统筹监管现场生产运行，实时对比指标完成情况。

协同调度指令，试运行：梳理日常生产调度指令，形成涉及场站、装置、管道异常/连续生产井/净化装置启停等的10种调度指令程序，采用时间、类型、地点、具体事件、指挥、审批等模板化协同办公流程，提高调度指令信息准确率，实现全过程在线审批/指挥、全过程反馈、痕迹管理，使追溯性更强。

实现气矿生产运营降本增效，充分释放场站劳动力，减少调控中心和场站的重复监控，建立调控中心远程控制、场站无人值守、维检修单位（作业区、净化厂、江油应急抢维修大队、水电管理中心、信息站）保障的运行模式。

第四章　新能源、绿色低碳与数智化的
深度融合

第一节　新能源发展现状与趋势

作为拥有世界第二大能源体系的国家，我国的各种生物能源储存量处于世界前列，同时能源消耗量也居于世界前列，因此迫切需要更加清洁、更加高效、更加可循环利用的能源。据国家统计局公布的数据，截至2014年，我国煤炭储存量为3793.9亿吨，石油为418435.3万吨，天然气为39874.2亿立方米；在能源消耗总量中，煤、石油、天然气等化石能源在2011—2014年所占比例分别为92.4%、94.3%、93.2%、92.4%，这些化石能源是我国能源消耗的较大的一部分。据国家统计局公布的数据，截至2023年，我国煤炭储量为2185.7亿吨，石油为385120万吨，天然气为66834.7亿立方米。2023年，我国能源消费中化石能源占比82.4%，其中煤炭占比55%、石油占比18.8%、天然气占比

8.6%，同时，我国对于新型的可再生能源的利用量大大提高了，因此我国现在的能源问题已经不是新能源开发的问题，而是更加高效地利用新能源的问题，以避免人们对传统能源的依赖感，同时大力发展新能源，加大对我国新能源行业的支持力度。

一、新能源发展现状

（一）能源生产和消费结构持续优化

近年来，我国能源领域经历了显著的转型与升级过程，体现在能源生产与消费结构的深刻调整与优化上。这一进程不仅标志着传统化石能源（如原煤与原油）在生产体系中的比重持续、稳步下降，还伴随着天然气及一系列非化石能源的迅猛发展，其合并生产占比实现了连续 3 年（2017—2019 年）的稳步增长，分别达到 22.8%、23.5% 及 24.3%，展现出我国向更加清洁、低碳的能源体系转型的坚定步伐与显著成效。

（二）非化石能源发电装机占比快速提升

我国能源消费结构呈现了显著的清洁化转型趋势，清洁能源消费占比自 2010 年的 13.4% 大幅跃升至 2019 年的 23.4%，几乎实现倍增，彰显了我国在能源消费模式上的深刻变革。尽管煤炭仍在我国能源消费中占据主导地位，但石油与天然气的外部依赖性问题凸显，促使清洁能源消费比例持续攀升。在非化石能源发电领域，其装机容量的增长尤为迅猛，它成为推动我国能源结构优化的关键力量。

（三）风电、光伏装机为非化石能源新增发电装机的最大主力

截至 2024 年 9 月末，我国全口径发电装机容量已达 31.6 亿千瓦，年度增长率高达 14.1%。非化石能源发电装机占比攀升至 56.5%，凸显了电力行业绿色低碳转型的显著成效。

一是电力投资持续加速，尤其是风电与太阳能发电领域，两者新增装机总

量达 2 亿千瓦，占新增装机总量的 82.4%，成为增量主体。2024 年前三季度，全国新增发电装机容量 2.4 亿千瓦，较上年同期多投产 3165 万千瓦。具体而言，火电装机容量为 14.2 亿千瓦，其中煤电为 11.8 亿千瓦，增长 2.1%，但其占总装机容量的比重下降至 37.3%，同比减少 4.4%。相对地，非化石能源发电装机容量为 17.9 亿千瓦，年度增长率高达 24.0%，同比提升 4.5%，这显示出我国能源结构正加速向低碳化转型。

从发电类型分布来看，截至 2024 年 9 月末，我国水电装机容量达到 4.3 亿千瓦，其中抽水蓄能部分占 5592 万千瓦；核电装机容量为 5808 万千瓦。在可再生能源领域，并网风电装机容量为 4.8 亿千瓦。细分之下，陆上风电占主导地位，达到 4.4 亿千瓦，而海上风电则为 3910 万千瓦；并网太阳能发电装机容量则高达 7.7 亿千瓦。截至 2024 年 9 月底，全国并网风电与太阳能发电的总装机容量已达 12.5 亿千瓦，年度增长率高达 35.9%，这一数值占我国总装机容量的 39.6%，与上年同期相比，占比提升 6.4%，这充分展示出我国可再生能源发电领域的快速发展与结构优化。

二是水电、风电及太阳能发电量呈现迅猛的增长态势。2024 年在前三季度，全国规模以上电厂的各类发电量中，火电同比增长 1.9%，水电增长 16.0%，核电增长 1.5%，风电增长 10.8%，太阳能发电量更是实现了 27.0% 的高速增长。在此期间，新能源发电量（包括风电、太阳能发电等）占全口径发电总量的比重达到 20.3%，与上年同期相比，提升 2.5%，这显示出新能源发电在电力供应结构中的日益重要地位。

（四）新能源发电占全口径发电的 9%，风电与光伏并网发电量占比提升至 7.5%

新能源发电在我国全口径发电量中的占比达到 9%，而风电与光伏并网发电量占比则进一步提升至 7.5%，标志着我国新能源发电已步入规模化、高效化发展的新阶段，为我国能源结构的持续优化与清洁低碳转型奠定了坚实基础。

2020 年，全国全口径发电量总计达到 7.62 万亿千瓦时，其发电结构以火电与水电为主导，分别占据 68% 与 18% 的市场份额，彰显了传统能源在电力生产中的基础地位。然而，新能源发电领域也展现出强劲的增长势头，全年贡献全口径发电量 0.73 万亿千瓦时,占比攀升至 9%,主要以风电与光伏发电为代表,标志着我国能源结构的多元化与低碳化转型加速推进。

回顾"十三五"时期,我国风电与光电并网发电量呈现出持续且稳健的上升趋势,成为新能源发展的亮点。截至 2020 年底,风电发电量已增至 0.42 万亿千瓦时,同比增长率高达 15.9%,显示出风电产业在技术进步与市场拓展方面的显著成效。同时,光伏发电量达到 0.14 万亿千瓦时,同比增长 21.2%,增速超过风电,体现了光伏技术成本下降与效率提升对行业的积极推动作用。两者合计,风电与光伏发电量在全部发电量中的比重已提升至 7.5%,不仅为电力供应增添了清洁、可再生的新选择,也为我国实现碳达峰、碳中和目标奠定了坚实的能源基础。这一变化深刻反映了我国能源结构向更加绿色、低碳方向转型的必然趋势。

(五)发电设备利用小时数逐年下降困境已改善,新能源发电小时数逐年提升

2015—2020 年,我国发电设备受新增装机容量增速放缓的宏观影响,其年平均利用小时数总体保持相对稳定,大致为 3800 小时的水平。具体到火电领域,其设备利用小时数同样展现出较高的稳定性,基本维持在 4200 小时左右,反映了作为我国主要电力来源之一的火电的稳定运行态势。

与此同时,风电与光伏发电作为新能源领域的代表,其年平均利用小时数呈现出不同的特点。2020 年,全国风电年平均利用小时数达到 2097 小时,显示出风电技术在提升发电效率与稳定性方面的持续进步。而在光伏发电方面,全国年平均利用小时数为 1160 小时,虽然相较于风电有所逊色,但也体现了光伏产业在扩大规模、优化布局及提升转换效率等方面的不懈努力与显著成就。

(六)风电与光伏发电进入平价上网阶段,上网电价采取竞争上网方式

我国风电与光伏上网电价体系采用标杆电价机制,其中,除特定Ⅲ类光伏区域外,其余风电与光伏标杆电价均已低于国内气电成本基准,且在资源禀

赋优越的区域，其竞争力已能与煤电相媲美，彰显了新能源发电的经济性与可行性。自 2019 年 7 月起，陆上风电与海上风电的标杆上网电价转型为指导价模式，新项目的核准电价通过市场竞争机制确定，旨在促进成本降低与效率提升。同时，光伏电价则依据太阳能资源丰度与建设成本差异，细分为 3 类资源区，实行差异化标杆电价政策，以精准引导产业发展。

在项目开发管理方面，风电项目遵循核准制流程，核准权限已由国家发展改革委逐步下放至地方政府投资主管部门，虽然国家层面仍对开发总量实施宏观调控，但地方自主权得以增强。而光伏项目则独树一帜，采用备案制管理模式，自 2021 年全面进入无补贴时代后，项目管理权限进一步下放至省级人民政府，企业仅需在各省主管部门完成备案程序，并获取土地及电网接入等必要批复，即可推进项目实施，此举极大地简化了审批流程，加速了光伏产业的市场化进程。

二、新能源发展趋势

（一）新能源政策不断推出

自 2006 年起，我国新能源相关政策体系步入快速扩张期，至 2012 年达到政策密集发布的峰值，年度政策发布数量高达 31 项，显示出国家对新能源发展的高度重视。从政策聚焦的领域观察，风电与光伏发电成为政策扶持的核心，这主要归因于两者相对低廉的开发成本、技术成熟度的提升及广泛的应用潜力，相比之下，生物质能、海洋能等其他发电形式所获得的政策关注则较为有限。

政策演进历程呈现阶段性特征：2008 年前，政策重心主要集中于风力发电领域；自 2009 年起，随着光伏技术的快速发展与成本下降，光伏发电相关政策密集出台，标志着我国新能源政策体系向多元化、均衡化方向迈进。

2015 年，《新能源产业振兴和发展规划》的发布，标志着我国新能源产业发展迈入新阶段，该规划明确了新能源产业的战略定位与发展蓝图，同时强调了对传统能源体系的变革需求。随后，中华人民共和国财政部、工业和信息化部等部委相继出台了一系列配套政策，旨在通过政策引导与扶持，为新能源产业的蓬勃发展营造更加有利的外部环境，推动我国能源结构向更加清洁、低碳的方向转型。

（二）分布式能源发电技术迅速发展

中国西部地区作为新能源资源富集的区域，其地理位置偏远，与主电网的连接成本高昂，传统的电网延伸方案在解决电力供应问题上显得力不从心。鉴于此，分布式能源的发展模式为西部偏远地区居民用电难题提供了创新解决路径。

小型风电作为分布式能源的典型代表，其紧凑的设计、便捷的安装流程及高度的灵活性，使其成为弥补地区电力供应不足的重要选项。尽管小型风电在稳定性方面尚存缺陷，但其作为传统能源体系的有效补充，对于增强能源供应多样性和可靠性具有不可小觑的作用。随着科技的持续进步，分布式能源发电技术实现了显著飞跃，规模效应的显现进一步推动了小型风电成本的下降，增强了其经济可行性。特别是离网式新能源发电系统，针对中国西北、东北、西南等远离主电网的偏远区域，展现出独特的适用性和价值，有效满足了这些地区的基本电力需求。综上所述，中国分布式能源的发展不仅契合了新能源资源分布特点，也适应了区域经济社会发展的实际需求，预示着广阔的市场前景与发展空间。

以天然气分布式发展为例，探索中国新能源分布式发展之路。天然气分布式利用为一种高效集成的能源利用模式，其核心在于以天然气为基石，通过热电联产技术，同步实现冷、热、电三联供，从而最大化资源价值。此模式不仅显著减少了电力生产对其他电力设备的依赖，还通过余热回收机制，将发电过程中产生的烟气热能转化为供热能源，其综合能源利用效率高达70%以上，有效促进了节能减排与环境保护目标的实现。

分布式能源系统的独特优势在于其灵活性与适应性，它能够填补大型电站建设受限及电网覆盖盲区的能源空白，为当地居民提供稳定、高质量的清洁能源，增强能源供应的安全性与可靠性。国家层面加大对清洁能源的推广力度，不仅体现在政策扶持与资金投入上，还通过国际合作拓宽天然气资源渠道，加速国内天然气管网基础设施建设，这为天然气分布式能源的大规模应用奠定了坚实基础。在此背景下，企业界积极响应，纷纷将目光投向天然气分布式能源领域，加大研发投入与市场布局，推动技术创新与产业升级。这一趋势不仅促进了能源结构的优化调整，也为经济社会的可持续发展注入了新的动力。截至2015年底，我国已成功部署逾千个天然气分布式能源项目，并规划构建10个分布式能源示范区域，由此可见国家对分布式能源发展的高度重视。伴随着工业化步伐的持续加速、电力应用领域的不断拓宽及环境保护压力的日益增大，天然气需求呈现迅猛增长的态势。在此背景下，天然气作为能源转型的关键因素，对于推动中国全面建成小康社会及实现"中国梦"的战略目标具有举足轻重的地位。

（三）新能源在电力结构中的比例逐步提升

面对节能减排的迫切需求与电力供应的紧张局势，传统电力工业的扩张路径已难以为继，新能源的开发利用成为破解困局的必由之路。火力发电因节能减排政策的实施而遭遇投资缩减，与之相对，新能源领域的投资则持续攀升，推动了电源结构向清洁化转型。经济进步导致电力需求激增，传统电力企业难以满足这一增长需求，电力供给缺口显现，消费系数下滑，对新能源产业的成长构成一定制约。然而，在节能减排政策的驱动下，新能源在电力结构中的占比稳步上升。新能源发电不但能够有效补充以火电为主导的电源结构，增强电力供应能力，优化电源构成，缓解局部电力短缺问题，而且在资源日益枯竭的背景下，对化石能源的替代效应越发显著。在低碳经济的倡导下，新能源发电对于减轻环境污染具有关键作用，扮演着至关重要的角色。

以往电力企业所采取的粗放式、单纯追求规模与速度的发展策略，已难以适应当前经济发展的需求。在此新常态背景下，电力企业需转变经济增长方式，调整战略思维，顺应时代趋势，探索符合自身特点的发展路径，持续推动新能源产业的蓬勃发展。在发展过程中，应更加重视效率与质量的提升，基于清洁能源需求的日益增长，能源结构正经历深刻变革，预示着未来能源格局将趋向更加合理与健康，拥有更广阔的发展前景。

（四）新能源产业国际合作态势明显

能源为经济发展的基石，其稳定供应对于经济发展至关重要，同时，能源安全是国家安全的重要组成部分。在经济全球化背景下，能源安全问题跨越国界，成为全球各国共同面临的挑战，任何国家都无法独善其身。鉴于全球能源安全形势的严峻性，中国亟须深化国际能源合作，积极参与全球能源治理，携手国际社会共同应对能源安全挑战，推动能源可持续发展，确保国家能源安全。

当前，中国新能源企业已步入"走出去"的战略机遇期，"一带一路"倡议的提出，标志着中国对外开放格局的全面升级，且可以有效深化与丝绸之路经济带及21世纪海上丝绸之路沿线国家的合作，强化彼此间的经济联系，为中国深化国际能源合作提供了宝贵契机。"一带一路"沿线多为发展中国家，电力需求庞大但供给不足。相较于这些国家，中国电力企业在电力装备与技术领域拥有显著优势。因此，中国电力企业"走出去"，不仅能够助力沿线国家电力基础设施建设，弥补电力供应缺口，还能够促进中国电力装备制造业的国际化发展。

三、新能源技术的创新与突破

（一）太阳能技术的创新与突破

1.高效、低成本光伏技术

近年来，光伏技术经历了前所未有的变革与发展，高效、低成本的光伏革命正引领一场绿色能源的新浪潮。多级光伏电池是光伏技术的一大突破，通过组合不同材料的光伏电池，显著提高了光能转化效率。这些新材料不但光电转换效率高，而且制造成本不断降低，使得太阳能发电成本逐渐接近甚至低于传统发电成本。例如，某些新型光伏材料能够将太阳光转化为电能的效率提升至前所未有的高度，远超传统光伏材料。

2.EPC 总承包模式的应用

在高效光伏发电站的建设中，设计—采购—施工（Engineering-Procurement-Construction, EPC）总承包模式以其高效、专业、一体化的特点，发挥着越来越重要的作用。该模式将工程设计、设备采购、施工安装等环节融为一体，实现了从设计到施工的无缝衔接，有效降低了项目成本，提高了投资效益，确保了工程质量和进度。

3. 智能化和融合创新

未来，光伏技术将朝着智能化和融合创新的方向发展。智能光伏发电系统将融合通信技术、互联网技术、云计算等，实现智能控制功能，提高发电效率和管理水平。同时，光伏与储能技术的融合将成为重要趋势，通过结合电池储能技术，光伏发电系统可以实现太阳能的连续供应和稳定输出，为构建智能电网和推动能源互联网的发展奠定了基础。

（二）风能技术的创新与突破

1. 风力发电机组的技术升级

风力发电机组是风电系统的核心组件。随着技术的进步，机组尺寸和容量不断增大，提高了单机容量和发电效率。高效叶片采用先进的气动外形和结构设计，如翼型优化、变截面设计和尖端附加装置等，提高了能量转换效率。同时，采用轻质高强度复合材料，如碳纤维增强聚合物复合材料，提高了涡轮机的可靠性和耐久性。

2. 海上风电的发展

海上风电是风电行业的重要发展方向。开发设计适应恶劣海洋环境的风电机组，如采用抗腐蚀材料、海水冷却系统和防冰措施等，提高了抗风能力和耐久性。此外，设计和建造适应深水、浅水和复杂海底地形的支撑结构，如浮式、半潜式和固定式结构，进一步推动了海上风电的发展。

3. 智能化控制和管理系统

智能化控制和管理系统的应用提高了风力发电系统的效率和可靠性。通过大数据分析和预测，以及人工智能算法，实现了对风力发电系统的实时监测、预测和优化。远程监控和操作技术使得对风力发电设备的远程监测、运行状态的实时调整和故障排除成为可能。

（三）生物质能技术的创新与突破

1. 生物质能的高效利用

生物质能为一种可再生能源，其高效利用是当前研究的热点。通过技术创新，生物质能可以转化为电能、热能等多种形式的能源。例如，生物质气化技术可以将生物质在高温下部分氧化成可燃气体，气体进一步被用于发电或供热。此外，生物质发酵技术也可以将生物质转化为生物燃料，如生物柴油和生物乙醇。

2. 生物质能与其他能源的融合

生物质能还可以与其他能源进行融合利用，形成多能互补的能源系统。例如，将生物质能与太阳能、风能等可再生能源相结合，形成分布式能源系统，可以实现能源的高效利用和互补。同时，生物质能可以与储能技术相结合，解决其间歇性和不稳定性的问题。

（四）地热能技术的创新与突破

1. 增强型地热系统

增强型地热系统（Enhanced Geo-thermal Systems, EGS）是地热领域的一项重大技术创新。这项技术通过水力压裂等技术手段，可以在岩石中创造出更大的裂隙网络，从而增强地热流体（水或蒸汽）的流动性和增加地热资源的可采量。EGS使传统上不具备经济开采价值的"干热岩"资源得以开发利用，极大地扩展了地热能的潜力范围。

2. 高温地热发电技术

随着技术的不断进步，高温地热发电技术也取得了显著突破。高温地热流体（通常指温度超过 150 摄氏度的流体）能够直接驱动蒸汽轮机发电，其转换效率较高。此外，通过优化地热井的设计、提高热交换器的效率及采用先进的发电设备，可以进一步提升高温地热发电的经济性和环保性。

3. 地热能直接利用技术的创新

除发电外，地热能还可以直接用于供暖、制冷和热水供应等领域。近年来，地热能直接利用技术也在不断创新，如地热热泵系统、地热温泉度假村等，这些应用不仅提高了地热能的综合利用率，还为人们提供了更加舒适、环保的生活方式。

（五）核能技术的创新与突破

1. 第四代核反应堆技术

第四代核反应堆技术是核能领域的一项重要创新。与前三代技术相比，第四代反应堆技术在安全性、经济性、废物处理和防止核扩散等方面具有显著优势。这些反应堆通常采用非能动安全系统、模块化设计，具有更高的燃料效率，能够在很大程度上避免事故的发生。

2. 核聚变技术

核聚变是另一种极具潜力的核能利用方式。与目前广泛使用的核裂变不同，核聚变不会产生放射性废物，且原料（如氘和氚）几乎取之不尽。近年来，国际热核聚变实验堆等大型项目的推进，标志着核聚变技术正在逐步走向成熟。核聚变技术虽然目前仍面临诸多技术挑战，但一旦实现商业化应用，将彻底改变人类的能源结构。

3. 小型模块化反应堆

小型模块化反应堆是近年来核能领域的一个新兴发展方向。这些反应堆设计灵活、建造周期短、成本相对较低，且可以在工厂内完成大部分制造工作，从而降低了建设和运营的风险。小型模块化反应堆适用于多种应用场景，包括偏远地区的电力供应、工业热能和海水淡化等，为核能的普及和多样化应用提供了新的可能。

第二节　数智技术在新能源领域的应用

一、智能电网与分布式能源管理

分布式能源存储系统在智能电网中的应用案例充分彰显了其卓越性能。例如，通过分布式能源存储系统，在电力系统中实现峰谷平衡。分布式能源存储系统在高峰期能够快速响应，释放储存的能量，使电力系统的负荷平衡率提高了20%以上。这不仅降低了系统的运行成本，还有效减缓了电力系统的压力。通过充分发挥分布式能源存储系统的智能协同作用，不仅实现了对可再生能源的高效利用，也在提高系统稳定性和经济性方面取得了令人瞩目的成果。

（一）高性能能源存储材料的研究

未来能源存储技术的重大进展将高度依赖高性能能源存储材料的科研突破。纳米技术与二维材料等尖端科技的深度融入，旨在显著提升能源存储系统的效能与效率。实验数据表明，由纳米技术改良的硫化锂电池，在常温环境下展现出超越传统电池的能量密度，为能源存储系统的高效运行奠定了坚实基础。纳米技术的应用聚焦于能源存储系统微观结构的优化，通过精确调控材料的纳米尺度结构，可以大幅提升电极材料的比表面积，加速离子传输过程。因此，纳米材料锂离子电池在相同体积内实现了更高的电能存储能力，为能源存储系统的设计创新提供了重要启示。此外，二维材料，特别是石墨烯等，因具备独特的电学与化学性能,成为未来能源存储系统性能优化的研究焦点。实验显示,以石墨烯为电极材料的能源存储系统,在充放电循环中能量损失更低,循环寿命更长,为高效能源存储系统材料的选择提供了科学依据,预示着二维材料在能源存储领域具有广阔的应用前景。

(二)智能化和自适应能源管理系统

智能化能源管理系统将集成尖端算法与模型,实现对电网状态、负载需求及可再生能源波动的即时监控。研究数据表明,运用此类先进的智能化能源管理系统,能够显著提升电力需求峰谷预测的准确性,进而优化电能利用效率。研究报告指出,智能化能源管理系统的部署有助于削减电力系统运营成本,提升能源使用效率,并能够有效减少碳排放。此外,自适应能源管理系统能够根据电力系统的实时状况灵活调整储能系统的运行策略,以应对电力需求的动态变化。研究表明,在复杂且多变的电力网络环境中,自适应系统能够迅速调整储能系统的输出功率,有效应对能源供应的突发性波动。研究数据进一步证实,采用自适应能源管理系统的储能设施能够更敏捷地响应电力系统的频繁波动,显著增强电力系统的稳健性与韧性。

(三)多元化储能技术的应用

电池技术的持续革新是推动多元化储能技术广泛应用的核心驱动力。锂离子电池、固态电池及钠离子电池等前沿电池技术的研发,将促使能源存储系统在能量密度、充放电速度及循环寿命等关键性能指标上实现显著提升。国际能源署预测,新型电池技术的商业化进程将显著加速,其中固态电池有望占据超过20%的市场份额。此外,超级电容器作为储能技术的另一亮点,凭借其高功率密度、卓越循环寿命及快速充放电能力,在瞬态高功率需求场景中展现出广阔应用潜力。研究报告指出,超级电容器市场规模将以年均超过15%的增速持续扩张。

同时,压缩空气储能技术为一种高效且可调度的储能手段,其重要性也日益凸显。国际可再生能源署数据显示,全球压缩空气储能装机容量已突破4吉瓦,预示着该技术在智能电网构建中将发挥更加关键的作用,展现出巨大的发展潜力。

（四）跨类型能源集成

可再生能源的跨类型集成，特别是太阳能、风能及水能等，是未来能源发展的核心导向。借助智能化的能源管理体系，各类可再生能源可实现更为灵活的协同调度，确保能量的互补与动态平衡。据预测，全球可再生能源装机容量将呈现持续增长态势，其中风能与太阳能的增长尤为突出。跨类型能源集成策略，对于提升电网的灵活性与可持续性具有至关重要的作用。

未来电力系统的发展趋向于与传统电力系统深度融合，其中能源存储系统与传统发电、输电及配电系统的紧密结合构成了协同运作的综合性架构，这一趋势旨在增强电力系统的稳定性与鲁棒性。相较于独立运行的能源存储系统，与传统电力系统集成的能源存储系统在调节电力系统频率与电压方面展现出更为迅速的响应能力，显著提升了系统的动态调节效能。

（五）大规模能源存储系统建设

大规模能源存储系统的建设将成为储能技术创新的重要驱动力。鉴于大规模系统对技术性能指标的严格要求，未来的研究重心将聚焦于提升能源存储系统的能量密度、延长循环寿命及强化安全性能。研究报告指出，大规模能源存储系统的广泛应用将是推动储能技术发展的核心力量之一。

此外，大规模能源存储系统在电力系统中扮演着至关重要的备用容量提供者角色。凭借其强大的能量储备能力，该系统能够有效应对突发的负荷波动及可再生能源的急剧变化，从而显著提升电力系统的供电可靠性。具体而言，大规模能源存储系统的引入能够大幅度降低因负荷不均衡所导致的电力中断风险，为电力系统的稳定运行提供有力保障。

（六）网联化和区块链技术的应用

网联化技术的深度应用将促使能源存储系统向智能化、快速响应的方向迈进。该系统能够实时监测电网状态、负载需求及可再生能源产出情况，进而实现能量管理的精准化。国际能源署的研究报告指出，网联化技术的融合有望显著提升电网的整体运作效率，有效减少能源损耗，并驱动储能技术的持续进步。此外，区块链技术的引入将为能源交易与管理领域带来前所未有的透明度与安全性提升。凭借区块链的不可篡改特性和分布式账本机制，能源交易可以实现去中心化运作，并展现出高效的特点。国际可再生能源署的研究进一步揭示，区块链技术的应用有望推动能源市场向去中心化模式转型，显著增强能源交易的透明度，并有效削减交易成本。

二、新型储能技术发展对新质生产力的推动作用

（一）新质生产力赋能下的新型储能技术的发展

在全球能源转型趋势的推动下，新型电力系统构建、新型能源体系发展及新质生产力的不断赋能，对新型储能技术提出了更为严苛的要求，涵盖高安全性、低成本效益、长使用寿命、高效率性能、大容量配置、高度集成化及智能化管理等关键方面。

第一，新型储能技术的稳健发展根基在于确保高安全性。鉴于能源存储系统规模的不断扩大及其应用场景的持续拓宽，安全问题已成为不容忽视的重大挑战。因此，首要且核心的任务在于增强能源存储系统的安全稳定性，有效防范火灾、爆炸等潜在风险，为新型储能技术的可持续发展奠定坚实的安全基础。

第二，新型储能技术商业化的核心在于成本控制。当前，高昂的投资成本仍是制约其在大型电力系统广泛应用的关键因素。因此，依托技术创新与规模效应，有效降低材料、制造及运维成本，是拓宽新型储能技术应用范围、促进其广泛部署的关键策略。

第三，提升新型能源存储系统性能的关键路径在于延长使用寿命与提高转换效率。通过优化设计与技术创新，延长能源存储系统的服役周期，并提升能量转换与存储过程中的效率，不仅能显著减少能源损耗，还能提高电力系统的整体效能，推动能源利用的高效化与可持续化。

第四，新型储能技术的发展趋向于大容量与高度集成化。随着可再生能源大规模并网接入与电动汽车的普及，能源存储系统面临更高的容量需求与集成

度挑战。因此，研发大容量能源存储系统，并实现多个能源存储单元间的协同控制与智能管理，成为应对未来能源需求增长的关键所在。

第五，智能化是新型储能技术演进的重要导向。借助先进的传感器技术、智能控制器及数据分析方法，实现能源存储系统的智能监测、精准预测与高效调度，可显著提升系统的响应速度及灵活性，使其更能适应电力系统的动态变化特性。为达成这些目标，需持续攻克技术难题，优化系统设计架构，并积极探索新的应用范畴。这些探索与实践将为新型储能技术的蓬勃发展、新质生产力的培育及清洁、高效、智能的新型能源体系的构建奠定坚实的基础。

（二）各类新型储能技术的发展方向

1. 电化学储能

（1）在锂离子电池技术方面，研发低成本且高性能的新型正极材料（如磷酸锰铁锂）与负极材料（涵盖新型石墨、钛酸锂及硅碳复合材料等），以及与之匹配的电解液，是当前的核心任务。同时，固态电解质被视为解决锂离子电池安全性的潜在方案，但其在离子电导率、界面相容性及成本控制方面仍面临挑战，需深入探索与突破。此外，补锂技术和负极预锂化技术的研发，对于缓解高能量密度电池循环效率下降的问题具有重要意义。在电芯层面，大尺寸化趋势明显，单体电芯容量正向 500 安时及以上迈进，相应地，大尺寸电芯的制造技术也需同步提升。锂离子电池的高倍率充放电能力、宽温度范围适应性、长循环寿命及高安全性等关键性能指标，也将成为未来研究与优化的重点方向。

（2）在液流电池技术方面，其未来发展关键在于降低导电碳毡、石墨双极板及非氟离子交换膜的成本，并实现国产化替代。同时，电解液的宽温性能优化与成本控制需进一步深化。单体电堆的功率目标将持续提升至百千瓦级，为此，大规模液流电池电堆的结构设计、模块构建、制造工艺、生产流程及专用装备的研发均需加大投入。尽管全钒液流电池在较长一段时间内仍将占据主导地位，但锌溴、铁铬、锌铁等低成本液流电池，以及全铁、有机等新型液流电池，同样值得密切关注与深入研究。

（3）在铅碳电池技术方面，其深化研究需聚焦于碳材料的多维度特性，包括粒径分布、形貌特征、比表面积、孔隙结构、导电性能、适宜添加量及杂质控制等。通过碳材料的改性处理，以及在电解液或负极中引入析氢抑制剂，可以减少负极析氢现象，并优化碳材料与铅粉的复合工艺，以强化负极活性物质与板栅界面的结合强度。此外，还应积极优化电池的充放电策略，提升热管理效能，有效缓解因温度升高及热量分布不均引发的热失控与失水问题，进而增强电池的循环寿命、提升能量密度及一致性。同时，建立健全铅碳电池的回收体系，提高回收再利用率，对于降低度电成本及减轻环境污染具有重要意义。

2. 机械储能

（1）在压缩空气储能领域，非补燃式高温绝热压缩空气储能技术凭借其效率优势，将成为研究与实践的热门趋势。此技术的研发重心聚焦于燃烧室效能优化、高效换热器设计、高温压缩机与膨胀机的性能提升，以及基于创新储热介质的压缩热回收技术，以期全面提升压缩空气能源存储系统的整体效率。

（2）压缩二氧化碳储能技术的发展，则要求深入探索电动、气动及热动系统的复杂动态过程设计与作用机制，强化高参数旋转叶轮的机械动力学设计与开发，并优化系统集成控制技术。未来，结合高温热能储存利用的二氧化碳电热能源存储系统，以及利用地质封存储库的跨临界二氧化碳能源存储系统，将成为该领域的重要发展方向。

（3）飞轮储能技术的推进，需加大对高速电机、大型高惯量转子及安全保护等关键技术与装备的研发力度，致力提升设计制造能力，以降低轴承损耗和系统成本。同时，应着力提高飞轮储能的密度与功率，以满足日益增长的储能需求。

3. 电磁储能

（1）在超级电容器领域，研究重心应放在开发具备高比电容、高电压承受能力及高度稳定性的新型电极材料，以及具有高离子传导效率与宽泛电压操作范围的电解液上。同时，耐高压且抗穿刺性能优异的隔膜材料，以及混合型超级电容器的设计与电极—电解液匹配技术的优化，显著提升了电容器的电压与能量密度，缓解了自放电现象，并有效削减了成本。

（2）针对超导储能技术，应重点关注推进高效率、宽功率范围的大功率变流器技术，以及大容量高温超导磁体的技术进步。此外，高强度、低损耗的超导磁悬浮轴承与飞轮制造技术、低温高压环境下的绝缘技术、失超状态的实时监测与安全防护策略，以及高效的制冷技术也是未来研究的重点。这些技术革新可以进一步提高超导储能系统的运行稳定性，并努力实现成本效益的最大化。

4. 热储能

当前，显热储能技术虽已趋于成熟，但相变储能与热化学储热技术凭借其显著优势，正逐步成为未来热储能领域的研究焦点。研究重心聚焦于开发一系列高性能热储能材料，包括宽温域、低熔点、高比热容和低腐蚀性的高温熔盐材料，以及具备高导热性、高热容特性的耐高温陶瓷金属氧化物固体材料。同时，致力攻克大功率（10兆瓦级）、高电压（10千伏）熔盐与固体电加热装置的技术难题，设计并制造大容量、高效率、低成本的热储罐系统。此外，还着重研发大容量高温熔盐—蒸汽高效换热器，以及高密度和高导热性能的多元复合相变材料、纳米复合材料、高温相变储热胶囊等，以期解决中高温相变储热材料在腐蚀性、结构材料兼容性、稳定性及循环寿命等方面的问题。在此基础上，进一步开发相变蓄热与余热回收产品，突破大换热功率（1兆瓦级）、高储热量（5兆瓦时）的相变热储能装置技术瓶颈，优化换热结构设计，以加速其商业化进程。

（三）新质生产力下新型储能技术的发展前景

1. 储能系统

储能集成技术的演进趋势，显著倾向于一体化、安全强化、高效运行及高度集成化。在此背景下，电池功率变换拓扑技术的革新、电池系统智能诊断与内部功率优化分配技术、高效智能温控与液冷策略、规模化集群控制技术等，均被视为优先发展的关键技术领域。电池管理系统的功能范畴将实现从基础监测、通信、保护、显示及数据存储,向更高阶的电池系统安全诊断、长寿命运维策略制定、系统经济性指标评估及边缘计算能力的跨越。功率变换技术的格局也将发生转变,集中式拓扑结构的单一主导地位将被打破,取而代之的是集中式、组串式、集散式、高压级联及分布式能源块等多种系统集成路径的并行发展。能量管理将实现精细化管理,深入电池包层级乃至电芯层级,显著提升电芯均衡能力,有效抑制并联环流现象及"木桶效应",从而全面提升能源存储系统的整体性能与效率。

(1)在消防安全技术领域,电化学储能的安全性问题已成为业内关注的焦点。随着技术进步,储能电池的消防防护正逐步向模组级细化,以全氟己酮等新型灭火剂及电池模组浸没式消防系统为代表的解决方案,已逐渐取代传统的七氟丙烷,成为主流。未来,需加大对储能电池火灾发生机制、新型灭火剂作用机理、基于多参数融合的火灾预警技术等方面的研究力度。

(2)在储能系统温控方面,液冷技术以其高效性能正逐步取代风冷技术,成为大型储能系统温控的首选方案。同时,随着大容量锂离子电芯技术的不断发展,5兆瓦时及以上的储能系统正逐渐受到市场青睐,其温控需求也将更加迫切。

(3)在储能技术应用领域,能量型与功率型混合储能技术,如锂电池/超级电容器、压缩空气储能/飞轮储能等,凭借其融合不同储能机制的独特优势,正逐渐成为市场瞩目的焦点。这类技术不仅能在长时间尺度上稳定输出能量,还能在瞬时响应高峰电力需求,展现出更为全面且高效的能源存储解决方案潜力。相较于传统单一的储能技术,混合储能技术通过整合能量型储能技术的经济性和功率型储能技术的快速充放电特性,显著提升了储能系统的整体性能与经济性,是当前电力系统储能研究的核心与发展趋势。此外,随着电力系统惯性的减小和系统强度的弱化,稳定性问题日益凸显。构网型储能技术的引入,使储能系统能够模拟同步发电机的运行特性,在电力系统扰动发生的前、中、后阶段,主动提供并维持系统稳定运行所需的电势,实现快速调频调压、增强系统惯性、提供短路容量支撑及抑制宽频振荡等功能。相较于跟网型储能技术,构网型储能技术以其能够同步提供电压电流、为电网注入虚拟惯性的独特优势而备受青睐。在极端条件下,构网型储能技术还能发挥故障穿越、黑启动、有功及无功稳定控制的关键作用，同时减少对传统备用线路的依赖，确保电网的稳健运行。

2.储能数智化

通过引入云计算、大数据、物联网、移动互联网、人工智能、区块链、边缘计算等先进数字技术，可以实现能量流与信息流的融合，从而助力新型储能与"源、网、荷"的智慧融合发展，解决新型储能产业发展面临的难题。建立可重构网络可实现对电芯的精细化控制，依托云计算、区块链等数字技术可实现储能资源的共享，利用大数据与人工智能等技术可推出新的智能运维模式，由此，储能系统的成本将大大降低。随着大数据、区块链等数字技术的应用，云储能、共享储能等新模式逐渐成熟，储能系统整体的利用效率得到了有效提升。发展数据采集系统和电池管理系统，将提高数据采集效率，增强数据的存储、计算和分析能力，实现智能诊断等功能，提高储能系统的安全防护水平。依托数字技术，通过优化储能电站的散热管理、功率分配等功能，储能电站的自身能耗和电能的二次损耗将大大降低，运行效率将得到有效提升。基于物联网、区块链等数字技术建设的储能云平台，可实现储能系统的大规模协同管理，提升响应、优化速度，将有效丰富和发展新质生产力。

三、新能源项目的数字化规划与运维管理

（一）数字化规划

1.战略定位与目标设定

油气田企业需要明确新能源项目的战略定位，确定数字化转型的长远目标和阶段性任务。新能源项目数字化规划应紧密围绕企业的业务发展战略，结合市场需求、技术趋势和政策导向，设定具体可行的目标。

2.数字化平台与基础设施建设

（1）数据平台。构建统一的数据采集、存储、处理和分析平台，实现新能

源项目全生命周期数据的集中管理和共享。利用大数据、云计算等数字技术，提升数据处理能力和决策支持水平。

（2）物联网平台。部署物联网设备，实现新能源设备、设施的远程监控和智能控制。通过物联网平台，收集设备运行状态、环境参数等数据，为运维管理提供实时信息。

（3）数字化工作流。优化业务流程，实现业务操作的数字化和自动化。通过构建数字化工作流，减少人为干预，提高业务处理效率和准确性。

3.技术选型与标准制定

（1）技术选型。根据新能源项目的具体需求，选择成熟可靠、可扩展性强的数字技术。重点关注大数据、人工智能、物联网、云计算等关键技术领域。

（2）标准制定。制定统一的数据标准、接口标准和安全标准，确保不同系统之间的互操作性和数据一致性。同时，建立健全信息安全管理体系，保障新能源项目的数据安全和系统稳定。

4.人才培养与团队建设

（1）人才培养。加大数字化人才培养和引进力度，提升员工的数字化技能和创新能力。通过培训、交流等方式，提高团队对数字技术的理解和掌握程度。

（2）团队建设。组建专业的数字化团队，负责新能源项目的数字化规划、实施和运维工作。建立高效的协作机制，确保团队内部的有效沟通和资源共享。

（二）运维管理

1.监控系统与报警机制

（1）监控系统。建立完善的监控系统，对新能源设备、设施进行实时监控。通过数据分析和挖掘，及时发现设备故障和潜在风险，为运维人员提供预警信息。

（2）报警机制。设置合理的报警阈值和规则，确保在设备出现异常时能够及时触发报警。通过短信、邮件、App 等多种方式通知运维人员，提高故障响应速度。

2. 智能诊断与远程运维

（1）智能诊断。利用人工智能算法对故障数据进行分析，提高故障定位的准确性和效率。通过模拟仿真、知识库推理等方式，为运维人员提供详细的故障处理方案。

（2）远程运维。借助物联网和云计算等数字技术，实现远程运维管理。运维人员可以在任何地点通过智能终端对新能源设备进行远程控制和调试，以降低运维成本和提高运维效率。

3. 运维策略优化与持续改进

（1）运维策略优化。定期对运维数据进行收集和分析，评估运维效果和改进空间。通过数据挖掘和统计分析，发现运维过程中的问题和瓶颈，为优化运维策略提供依据。

（2）运维策略持续改进。根据数据分析结果和实际情况，对运维策略进行持续改进。引入新的技术和管理方法，提高运维效率和质量，降低运维成本。

4. 安全管理

（1）安全管理制度和操作规程。建立健全安全管理制度和操作规程，确保新能源项目的安全运行。明确安全责任、落实安全措施、加强安全培训和演练等工作。

（2）风险评估和隐患排查。对新能源项目进行全面的风险评估和隐患排查工作。及时发现和消除安全隐患，确保项目的稳定运行和安全生产。

第三节　绿色低碳与数智化的协同发展

　　各国在发展阶段、经济条件和技术能力方面展现出显著的异质性，从而形成了各具特色的转型路径与策略，但无论是发达国家还是发展中国家，均将注意力集中在能源、工业、农业、交通、建筑及社会生活方式等领域的绿色化、低碳化转型上。现阶段，一些国家已攻克传统环境污染的难题，大体上完成了绿色低碳的转型进程，在全球绿色低碳发展的进程中发挥着引领与示范作用。它们正广泛地采用可再生能源，并致力提高能源利用效率，构建与之相适应的绿色低碳基础设施系统。而另一些国家则由于受限于其经济发展阶段和技术水平，尚难以全面解决因快速发展而累积的生态损害与环境污染问题。这些国家目前正面临双重挑战：既要推动绿色发展，又要实现低碳转型。为此，亟须通过积极开发并利用新能源资源，以及有效实施节能减排等策略，来达成低碳发展的既定目标。

　　尽管面临诸多挑战，处于转型中的国家正积极利用技术创新手段，构建可持续的绿色基础设施体系，以应对当前的生态环境问题，并加速推进低碳转型进程。在全球绿色低碳转型的大潮中，绿色低碳化与数智化正逐步渗透至各行各业，以数智化手段推动绿色低碳转型已成为国际社会的普遍共识。早期，"二元经济结构"理论等传统经济学说，主要聚焦于劳动力、土地及资本等传统生产要素的探讨。然而，当前绿色与低碳科技创新革命及数智化革命的兴起，已成为提升国家和地区经济竞争力的新型关键因素。面对前所未有的全球变革，国家和地区要在激烈的国际竞争中保持其区域乃至全球领先地位，就必须持续优化这两类新型关键因素。值得注意的是，绿色低碳科技与数智化科技之间可形成良性互动，实现深度融合，即"双化协同"，为经济社会发展注入新的活力。

　　数智化技术在推动经济发展向更智能、更绿色、更低碳方向转型中发挥着重要作用。在环境监测与资源管理方面，数智化技术能够实时监测环境污染状况，优化资源配置，提升能源利用效率，并显著降低污染物和碳排放。在能源领域，数智化技术赋能智能电网管理，可以实现电力供应的社会需求导向性调整，有效减少能源损耗；同时，加速新能源技术的研发进程，促进太阳能和风能等清洁能源的高效储存、调峰及就地转化应用。在工业领域，数智化技术优化了工业生产流程，不仅提升了产品质量，还实现了个性化定制生产，显著降低了资源消耗，提高了能源利用效率。在污染治理方面，数智化技术被广泛应用于大规模气候模拟及环境实时监测，包括大气、水质、土壤等，为政策制定提供了更为精确的数据支撑，增强了环境治理的科学性和针对性。在交通领域，智能交通系统的应用能够有效缓解交通拥堵现象，进而减少能源消耗与碳排放。在城市规划与建设层面，智慧城市管理系统通过优化城市布局与实时监测空气质量，不仅减轻了交通压力，降低了能源消耗，还显著提升了居民的生活质量。在农业领域，数智化技术的引入推动了农业生产向智慧化、精准化方向发展，不仅提高了农产品的产量与质量，还大幅减少了农药与化肥的使用量，有效降低了资源消耗与环境污染。综上所述，绿色低碳转型与数智化革命的深度融合，不仅能够革新生产方式，催生新型商业模式，还将重塑市场竞争格局，为经济社会的创新发展注入强劲动力。

在全球绿色低碳竞争的宏观背景下，各国改变传统的发展路径，致力依托科技创新与数智化手段推动绿色低碳转型，这已成为国际社会的普遍行动。无论是发达国家还是发展中国家，均在生态文明建设与可持续发展战略的推进中，着力优化绿色低碳产业结构与空间布局，以提升绿色低碳发展的整体效能。从全球视角来看，尽管各国绿色低碳转型的目标导向具有一致性，但一些国家已步入低碳发展的碳中和阶段，而另一些国家则普遍处于经济社会快速追赶的碳达峰阶段。鉴于各国在工作基础、经济支撑、社会条件及技术水平上的差异，在绿色低碳与智慧化协同转型的时机选择上存在一定差异，其采取的绿色低碳转型策略也呈现多样化的特征。

一、我国绿色低碳化和数智化协同转型的现状和面临的挑战

（一）我国绿色低碳化和数智化协同转型的现状

自确立碳达峰与碳中和目标以来，为加速推进我国绿色低碳转型进程，国家层面相继颁布了《中共中央 国务院关于深入打好污染防治攻坚战的指导意见》及碳达峰碳中和"1+N"政策体系。在这一系列政策的有力支撑下，我国绿色低碳发展模式已从原先的规模化扩张阶段，稳步迈向注重高质量发展的新阶段，旨在通过实现高质量发展，进一步促进生态环境保护达到更高水平。

以 2023 年上半年为例，我国太阳能发电新增并网装机容量显著增长至 7842 万千瓦，同比增加 4754 万千瓦，占新增发电装机总量的比重高达 55.6%，彰显了绿色能源发展的强劲势头。我国在绿色低碳发展的整体水平上仍有待进一步提升。尽管 2021 年我国单位 GDP 二氧化碳排放较 2020 年下降了 3.8%，较 2005 年累计降幅达 50.8%，但减排空间依然广阔。因此，为了更有效地推动绿色低碳发展，亟须强化数智化技术的关键作用，以实现更深层次的转型与升级。

自党的十八大以来，我国高度重视生态文明建设与数智化发展的融合，致力构建先进的数智化生态文明体系。2017 年 7 月，国务院发布《新一代人工智能发展规划》，提出"到 2030 年人工智能理论、技术与应用总体达到世界领先水平"的目标，展示了我国在数智化领域的雄心壮志。经过多年的发展，我国数智化体系已趋于完善。数据显示，2022 年我国人工智能核心产业规模达到了 5080 亿元，同比增长 18%，成为推动经济增长的重要动力。数智化技术以其高效和创新的特性，正在逐步渗透到生态环境保护领域，不仅促进了新兴产业的快速发展，也推动了传统产业的转型升级。为进一步深化数智化与生态文明建设的融合，2023 年 2 月，中共中央、国务院联合发布了《数字中国建设整体布局规划》。该规划指出，"推动生态环境智慧治理，加快构建智慧高效的生态环境信息化体系""加快数字化绿色化协同转型。倡导绿色智慧生活方式。"在此过程中，我国始终保持着开放和包容的态度，积极借鉴国际先进经验，并努力探索符合自身国情的发展路径。

2023 年 12 月,《中共中央 国务院关于全面推进美丽中国建设的意见》着重指出,"推进产业数字化、智能化同绿色化深度融合""加快数字赋能。深化人工智能等数字技术应用,构建美丽中国数字化治理体系,建设绿色智慧的数字生态文明。实施生态环境信息化工程,加强数据资源集成共享和综合开发利用"。2021 年 10 月,国务院印发《2030 年前碳达峰行动方案》,明确提出的重点任务是,将碳达峰贯穿于经济社会发展全过程和各方面,重点实施能源绿色低碳转型行动、节能降碳增效行动、工业领域碳达峰行动、城乡建设碳达峰行动、交通运输绿色低碳行动、循环经济助力降碳行动、绿色低碳科技创新行动、碳汇能力巩固提升行动、绿色低碳全民行动、各地区梯次有序碳达峰行动等"碳达峰十大行动"。

(二)我国绿色低碳化和数智化协同转型面临的挑战

我国开展绿色低碳化和数智化协同转型,除绿色低碳经济产业领域的智慧化技术开发利用不均衡、可再生能源富集地区绿色能源与实体经济融合不足、支持性的资金和补贴机制不足、区域协同创新及国际交流与合作不足外,还面临以下挑战。

1. 能力不均衡,各地绿色低碳化和数智化协同转型的条件参差不齐

当前,我国各区域在绿色低碳科技创新与数智化发展方面的能力呈现出显著的不均衡态势。具体而言,北京、上海、深圳、杭州、合肥等城市凭借其强大的科技创新实力,已成为引领绿色低碳科技创新与数智化、工业化深度融合发展的先锋城市。相比之下,广大中西部地区的部分城市,尽管拥有丰富的可再生能源资源,但受限于资源依赖型矿业和能源城市的身份,其创新基础与创新能力总体较为薄弱,导致绿色低碳转型面临较大挑战。因此,为促进各区域更均衡发展,需进一步调整和优化相关政策与资源分配策略,以助力这些区域克服转型难题,加速绿色低碳与数智化转型进程。

从区域维度审视,部分区域因高新技术产业吸引力不足,在平衡经济发展与生态环境保护的任务中陷入困境,不得不继续依赖化石能源、矿产资源及土地资源,维持传统高耗能、高排放产业的发展模式,这无疑会延缓其绿色低碳

转型的步伐，并加剧未来转型的复杂性。从能源转型的层面分析，虽然风光发电等可再生能源的开发利用已成为长期发展趋势，但部分地区因电力基础设施尚不完善，存在"弃风弃光"现象，这不仅是对可再生能源的浪费，也错失了推动能源结构转型的重要契机。

2. 研发相对滞后，绿色低碳化和数智化协同转型的支出总体不足

在绿色低碳科技研发方面，一些关键领域的研发相对滞后，如污水处理核心技术。根据中华人民共和国生态环境部科技与财务司、中国环境保护产业协会发布的 2021 年和 2022 年中国环保产业发展状况报告，2020 年我国环保企业平均研发支出同比增长 16.8%，研发支出占营业收入的比重为 3.2%；而 2021 年环保企业平均研发支出同比增长 2.8%，研发支出占营业收入的比重仅为 2.9%。由此可以看出，环保企业的研发投入严重不足，有时还会下降。

《中国成长型 AI 企业研究报告》的数据显示，我国 2020 年在人工智能领域的投融资金额创下新高，达到 1748 亿元，相比 2019 年同比增长 73.8%。国际数据公司预测，2027 年我国人工智能投资规模有望达到 381 亿美元，全球占比约 9%。总体而言，我国的数智化启动时间晚，目前尚处于发展初期，存在基础研究薄弱、关键技术缺乏等不足，技术、产品、商业化面临重重矛盾，数据成本、算法成本、交付成本高，成本可下降的空间有限，同时面临技术迭代带来的行业洗牌风险，绿色低碳化和数智化协同转型必然受到影响。

3. 绿色低碳化和数智化协同转型的法治保障不充分

一是促进数智化在绿色低碳领域应用的法律规范较少。《中华人民共和国科学技术进步法》《中华人民共和国促进科技成果转化法》《中华人民共和国科学技术普及法》等法律法规对包括数智化在内的科技创新投资、融资、责任分配、利益保障、法律责任的规定不充分，对政府采购、税费优惠等激励措施的规定针对性不足。这种情况目前正在发生改变，例如，2023 年 10 月修订的《中华人民共和国海洋环境保护法》有两处对智能化做出规定，第二十五条规定"国务院生态环境主管部门会同有关部门和机构通过智能化的综合信息系统，为海洋环境保护监督管理、信息共享提供服务"，把智能化与绿色发展有机结

合起来；第八十八条规定"国家倡导绿色低碳智能航运"，将绿色低碳与智能有机结合起来，开创了绿色低碳与智能化发展相互衔接的立法先河。这种立法突破应得到其他绿色低碳立法的借鉴。

二是促进绿色低碳化和数智化协同转型的法律规范难以满足现实的需要。为了促进流域、区域和城市绿色低碳化和数智化协同转型，有必要在流域和区域立法层面加强体制、政策、制度的综合性和协调性。为此，2020年以来，《中华人民共和国长江保护法》《中华人民共和国黄河保护法》《中华人民共和国青藏高原生态保护法》等流域和区域绿色低碳发展法律颁布并实施。这些法律既规定了绿色低碳发展的综合措施和专门措施，还规定了包括技术创新在内的区域协同和体制协调的措施，能够促进区域技术协同创新和产业布局优化。但从总体上看，我国缺乏把绿色低碳化和数智化协同转型一并规范的法律法规，监管体制和制度的协同与集成创新不足，难以适应与全国智慧化推进减污、降碳、扩绿、增长相协调的工作需要。

二、绿色低碳化和数智化协同转型的成功经验的启示

绿色低碳化和数智化协同转型成功的国家有一个共性，就是不拘泥于区域均衡发展理论的束缚，基于不断变化的资源特色和产业优势，立足区域非均衡发展理论创新性地推进新质产业的发展。具体而言，尽管这些国家绿色低碳化、数智化协同转型的经验各有不同，但从政策和法治角度，可以提供一些值得参考和借鉴的共性启示。

第一，在新一轮工业化进程中，结合全国各地差异化的地理禀赋，将转型政策的重点放在实体经济和信息化技术的深度融合发展上，既注重实体工业经济和农业经济的发展与升级，也注重大数据、物联网、人工智能等数智化和信息化技术的发展及其在绿色低碳等领域的广泛应用，促使两者相辅相成。既对数智化基础产业进行发展，也对传统的制造业及农业、交通、建筑、城市运行基础设施等进行数智化改造，可以提升产能和效率，节约资源和能耗，减少碳排放，实现生产方式的转型升级。结合指导性文件，采取激励方法，引导企业采用智能制造技术，可以优化生产流程，提高能源利用效率，降低碳排放。按

照 2024 年国务院发布的《推动大规模设备更新和消费品以旧换新行动方案》的要求，加快淘汰落后产品设备，提升安全可靠水平，促进产业高端化、智能化、绿色化发展。同时，加强农业信息化建设，推广智慧农业技术，提高农业生产效率，减少农药、化肥使用，实现农业减污降碳。

第二，在不断深入推进环境污染防治的同时，制定促进政策，在可再生能源富集地区大力发展智慧型光伏发电、风力发电、生物质能发电产业，通过智能化管理和调度，提高可再生能源的利用效率和稳定性，降低能源生产和利用过程中的碳排放。在新能源的智慧型开发利用中，要逐步调整区域的产业结构，使产业适应低碳新能源利用的新要求；进行产业升级，推动绿色低碳技术的商业化和产业化，形成区域新的经济增长点和市场竞争力，促进区域经济可持续发展。同时，继续加大对能源存储技术与能源耦合技术的研究和投入，解决可再生能源波动性大、间歇性强的问题，进一步减少对传统能源的依赖，推动能源结构的绿色升级。

第三，以绿色低碳技术和数智化技术为基础，出台区域、产业、机构协调的政策，加强区域创新协作和产业链科学配置合作，强化由企业主导的产学研与社会团体的协作和整合，鼓励企业、高校、科研机构、社会团体共同参与创建绿色低碳产业创新中心，共同推进智慧化绿色低碳技术创新和产业升级。加强流域、区域、城市和园区之间的协作，建设绿色低碳智慧社区、绿色低碳智慧企业、绿色低碳智慧交通、绿色低碳智慧城市、绿色低碳智慧区域、绿色低碳智慧流域，逐渐形成绿色低碳产业集群和产业链体系，促进我国经济可持续发展。

第四，建立支持性的国家基金或者补贴制度。为了推动绿色低碳化和数智化协同转型，应以需求为导向加强人才培养和引进，特别是可再生能源富集地区的绿色、低碳、智慧化产业人才的培养和引进，鼓励人才在产业发展中开展科技创新活动。支持高校和科研机构相关学科在绿色、低碳、智慧化领域的研究和人才培养工作，对绿色低碳化和数智化协同转型的技术研发与应用予以特别扶持。同时，鼓励和支持企业增加对协同转型的研发投入，支持企业开展创新活动，推动绿色低碳、数智化技术的商业化和产业化，促进绿色低碳技术的发展与普及，形成以技术创新为核心的绿色生态系统；减少监管部门对绿色低碳、数智化技术创新的微观干预，为企业和科研机构提供更大的创新空间，激发创新活力。此外，需健全知识产权保护体系，为技术创新提供完善的法治保障，激发创新活力。

第五，健全绿色低碳化和数智化领域的相关立法和标准体系，明确规定稳预期、利长远的促进政策，为国家、区域、行业和企业开展智慧型绿色低碳转型提供法治保障。考虑制定绿色低碳、智慧化转型促进法或者绿色低碳、智慧化转型促进条例，并以此为基础制定配套的规章和标准体系，形成健全的立法框架，明确政府支持和监管的边界，为企业和投资者提供可预期的投资环境。例如，按照2024年国务院印发的《推动大规模设备更新和消费品以旧换新行动方案》的要求，"加快制修订一批能耗限额、产品设备能效强制性国家标准""不断提高国际标准转化率""加强质量标准、检验检疫、认证认可等国内国际衔接"。同时，健全绿色低碳补贴、科技创新奖励等激励政策，吸引国际投资，为国家和区域的数智化绿色低碳转型提供广阔的市场应用空间。

第六，建立开放式合作和信息共享机制，积极加强与发达国家和国际组织的交流与合作。通过积极参与国际环保合作机制、加强技术交流与人才培养等方式，借鉴和参考国际先进经验和技术，与其他国家和国际组织分享我国的经验与资源，推动绿色低碳及数智化技术的国际传播和交流，加速科技创新与绿色低碳、数智化转型的步伐。通过与其他国家和国际组织的合作，共同参与全球环境治理，共同应对全球气候变化等环境挑战，推动绿色低碳发展的全球合作与共赢。

三、碳排放监测与减排策略

碳排放监测主要通过数值模拟、综合观测、统计分析等多种手段，获得已知温室气体准确的排放浓度、排放量及生态系统碳汇和影响等碳源、碳汇状况数据及变化趋势信息，从而进一步开展气候变化应对研究及管理等相关工作。主要监测对象为《〈京都议定书〉多哈修正案》规定控制的7种人为活动排放的温室气体，包括二氧化碳（CO_2）、甲烷（CH_4）、氧化亚氮（N_2O）、氢氟碳化物（HFCs）、全氟碳（PFCs）、六氟化硫（SF_6）和三氟化氮（NF_3）。当前，碳排放监测主要涉及气体排放强度、排放到环境中的浓度及碳汇状况等数据。碳排放监测大多通过废气中碳排放浓度监测数据和同化反演模式计算碳排放量。碳核算依据活动水平乘以排放因子得出温室气体排放和吸收量。对碳排放进行监测可进一步推动、完善碳核算体系，通过实际监测数据可对排放因子进行本地化更新，并可校核碳核算结果。开展碳排放监测工作，可以支撑服务碳减排，推动减污降碳、源头治理等管控措施的落实；为生态环境的影响、变化提供持续的数据支持，并进行预测评估，提前采取积极的预防措施。

目前，我国碳监测技术已经得到快速发展，国内多家企业已经布局碳监测相关业务。比如，有的企业已经构建了工业源排放监测、无组织碳排放监测、城市温室气体监测、区域及背景监测、碳汇监测等在内的"五级碳监测网络"，开发了二氧化碳监测仪等产品，这些可满足排放源、城市、农村、工业园区、背景点（包括碳汇）等的监测。有的企业的二氧化碳排放监测系统可通过辅助碳排放人工核算体系，对重点行业污染源、企业厂界无组织排放、城市/区域环境质量、工业过程控制等方面完成对碳排放基础及过程数据监测质量的管控。有的企业结合自身多年在烟气监测领域积累的产品开发和应用经验，针对碳排放监测中存在的干扰多、误差大等监测技术难题，自主研发了碳排放在线监测系统，包括 RJ-GHG 碳排放连续在线监测分析系统、RJ-Carbon 实时碳排放综合监测仪等，其可提供准确、完整、及时的数据，以满足污染源对碳排放的监测需求。有的企业自主研发的温室气体排放分析仪 Gasboard-3000 GHG，采用自主知识产权的微流红外隔半气室气体传感技术，可实现同时准确测量 CO_2、CH_4、N_2O 等温室气体和烟气中的一氧化碳（CO）气体浓度变化，具备抗气体交叉干扰能力强、漂移量低等特点。

碳排放监测是了解和量化特定活动对大气中温室气体浓度的贡献的关键步骤。通过监测碳排放，可以识别主要的排放源和趋势，帮助政府、企业和社会采取针对性的措施来减少排放量。这种监测不仅涵盖工业和能源生产，还包括交通、农业和建筑等多个领域。要想进行有效的碳排放监测，需要先进的数据采集和分析技术，这包括使用遥感技术、传感器网络和地理信息系统来获取实时的空气质量和气象数据。高级数据分析工具和模型可以将这些数据转化为有关排放源的具体信息，为决策制定提供支持。许多国家和地区制定了碳排放的法规和标准，要求企业和组织定期报告其排放情况，这种合规性要求推动企业采取更多减排措施，以符合法规和标准。清洁能源的采用是减少碳排放的关键路径之一。太阳能、风能、水能等可再生能源的开发利用有助于减少人类对化石燃料的依赖，降低碳排放。提高能源利用效率也是减少能源相关排放的重要举措。交通运输是重要的碳排放来源，推动交通运输领域的创新对减少碳排放至关重要。电动汽车、公共交通系统改进和共享出行服务等创新可以减少传统燃油车辆的使用，降低碳排放。碳捕捉和储存技术是一种从工业排放源捕捉二氧化碳并将其储存在地下的方法，该技术可以减少工业碳排放，虽然碳捕捉和储存技术仍在发展中，但已经在某些项目中得到了应用。生态系统如森林、湿地和海洋对碳循环和排放减少至关重要，保护和恢复这些生态系统可以吸收和储存大量的碳，因此生态系统管理和保护也是减排路径的一部分。了解碳排放的影响及减少碳排放的措施对公众和企业而言至关重要，因此通过增强环保意识等活动，可以激励更广泛的群体参与环保工作。

四、数字化助力企业实现碳中和

在当前的全球背景下，碳中和已经成为各个国家和企业实现可持续发展的重要目标之一。而数字化技术的快速发展和广泛应用，也为企业实现碳中和带来了新的机遇。数字化技术可以帮助企业实现能源的智能管理和优化，降低碳排放；数字化技术可以优化生产流程，提高能源利用效率；数字化技术可以提高碳排放数据的准确性和可信度，为企业实现碳中和提供重要的数据支撑。然而，在数字化赋能企业实现碳中和的过程中还存在一些困难和挑战。企业可能缺乏数字化技术的支撑和应用经验，面临数字化转型的压力和成本；政府可能缺乏相应的政策支持和管理手段，难以推动数字化技术在企业中的广泛应用。

（一）企业实现碳中和的意义

随着全球气候变暖形势日益严峻，碳中和已成为全球社会的重要议题。碳中和是指将排放的温室气体量降至零或负值的过程，通常通过采取减排、吸收和储存等措施来实现。企业是碳中和实践的重要参与者，数字化赋能企业实现碳中和的意义主要体现在以下三个方面：

1.实现低碳生产

实现低碳生产是实现碳中和的重要手段之一。数字化技术可以通过智能化、自动化的生产流程管理，提高生产效率和降低能源消耗，从而实现低碳生产。例如，在工厂生产线上，通过数字化技术，可以实现生产设备的智能监控和优化，降低能源消耗，减少碳排放；在农业生产中，数字化技术可以通过精准施肥、精准灌溉、智能化养殖等方式，提高农业生产效率，降低碳排放。

2.实现碳排放数据的实时监测和管理

企业可以采用智能传感器监测工厂的能源消耗和碳排放量，并将数据实时传输到云端进行分析和管理。在碳中和计划的制订过程中，企业可以利用这些数据分析和评估碳排放状况，制订具有可操作性的减排方案，实现碳中和。

3.促进碳中和合作

实现碳中和信息共享和协同数字化技术可以帮助企业与其他企业、政府和公众共享碳中和信息和技术，促进碳中和合作。例如，通过数字化平台，企业可以与供应商、客户和其他利益相关者共享碳中和的最佳实践和经验，共同推动碳中和的实现。同时，政府可以通过数字化平台发布碳中和政策和指南，向企业和公众传达碳中和理念和目标，促进全社会共同参与碳中和行动。

（二）企业碳中和的现状

1.技术存在局限性

目前，数字化技术的应用范围较为有限，对于一些传统的高能耗、高排放产业，数字化技术的应用难度较大。例如，在钢铁、水泥等行业中，数字化技术的应用面临着生产设备的老化、信息孤岛、数据安全等问题，这些问题限制了数字化技术的应用范围和效果。

2.实现成本较高

数字化技术的应用需要相应的设备和系统支撑，企业需要进行一定的投资。目前，数字化技术的应用和推广仍需要借助政府、金融机构等的支持和推动，企业在数字化赋能实现碳中和的过程中需要克服成本压力。

3.数据可信度有待提升

数字化技术的应用需要大量的数据支撑，但是，数据质量和可靠性是数字化赋能企业实现碳中和的关键因素。当前，企业采集、处理和管理碳排放数据存在不规范、不标准、来源不明确等问题，这些问题会影响企业制订碳中和计划和对执行效果的评估、管理。

4.政策法规有待完善

数字化技术的应用需要政策法规的支持和推动，包括减税减费、财政补贴、绿色金融等方面的政策支持。当前政策法规对于数字化赋能企业实现碳中和的支持和倾斜力度还有待提高，政策目标和执行效果也需要进一步加强。

5.应用实践有待推广

目前，数字化赋能企业实现碳中和的应用范围还较为有限，需要加强宣传推广和推广模式的创新。企业需要深入了解数字化技术的应用场景和效益，积极主动地参与数字化赋能碳中和的相关项目，同时推动数字化技术和碳中和相结合在不同行业的示范应用，加快数字化赋能企业实现碳中和的步伐。

（三）企业实现碳中和的对策

1.加强数字化技术的研发和创新

数字化技术的研发和创新是实现碳中和的重要保障之一，因此需要加强相关方面的投入和支持。政府可以加大数字化技术的研发投入和支持力度。例如，建立数字化技术研究平台，引导企业加强数字化技术的研发和创新，同时鼓励高校、科研机构和企业间的合作，促进数字化技术的创新和发展。企业需要加强数字化技术的研发投入，探索适合不同行业和场景的数字化技术。例如，通过人工智能、大数据、物联网等技术手段，可以实现企业生产流程的优化和智能化，减少能源的消耗和废物的排放，从而提高企业的资源利用效率和环保水平。此外，数字化技术的研发和创新需要注重知识产权保护和创新生态的建设。政府可以加强知识产权的保护和管理，推动数字化技术产业的健康发展。同时，企业需要注重创新生态的建设，加强企业间的合作和交流，共同推动数字化技术的创新和发展。

2. 加强数字化技术的推广和应用

数字化技术是实现碳中和的关键手段之一，因此需要加强数字化技术的推广和应用。在推广数字化技术的过程中，企业需要深入了解数字化技术的特点和应用场景，发挥数字化技术在企业管理、生产和供应链等各个方面的作用。政府可以通过加大政策支持和推动力度，引导企业加快数字化转型，推动数字化技术的应用和普及。政府可以加大对数字化技术的研发和创新投入，推动数字化技术的不断升级和发展。例如，通过向数字化技术领域的企业提供减税减费、财政补贴等政策支持，降低企业数字化转型的成本压力，鼓励企业在数字化技术领域的研发和创新上进行更多的投入。此外，政府还可以推动数字化技术与其他领域的融合，如数字化技术与环保技术的融合，以实现数字化技术在碳中和领域的应用。

企业需要积极探索在不同场景下应用的数字化技术，可以通过数字化技术优化企业管理、提高生产效率、降低碳排放等，从而实现碳中和。例如，通过数字化技术对供应链进行优化和管理，可以实现碳排放的减少；通过数字化技术对生产过程进行精细化管理，可以降低生产过程中的碳排放等。企业需要加强对数字化技术的了解和应用，实现企业的数字化转型。

政府可以通过加强对数字化技术的监督和管理，保障数字化技术应用的安全性和可靠性。例如，通过建立数字化技术标准和规范，制定数字化技术的监管机制，确保数字化技术应用的安全性和稳定性。同时，政府可以加强数字化技术人才的培养和引进，为数字化技术的应用提供人才支撑。

3. 提升碳排放数据的可信度和准确性

提升碳排放数据的可信度和准确性是数字化赋能企业实现碳中和的重要一环。碳排放数据的可信度和准确性是衡量企业减排成效的重要指标，也是实现碳中和的基础和前提，是数字化赋能企业实现碳中和的关键所在。为了提升碳排放数据的可信度和准确性，首先要建立一套标准规范的碳排放数据采集和处理方法。政府可以通过制定碳排放数据采集和处理的标准规范，明确数据采集范围、计算方法、数据验证和审计等方面的要求，提高碳排放数据的可比性和可靠性。同时，政府可以加强对企业碳排放数据的监督和管理，确保数据的真实性和准确性。企业需要根据政府的规范要求，建立一套完整的碳排放数据采集和管理系统，确保数据的规范化、标准化和准确性。

为了提升碳排放数据的可信度和准确性，企业需要加强对碳排放数据的管理。碳排放数据是企业进行减排计划、设定减排目标、监测减排成效等的重要依据，因此企业需要建立一个完整的数据管理机制。企业可以通过建立数据质量管理体系、加强数据监测和验证、提高数据的可视化和透明度等方式，确保数据的准确性和可靠性。

4. 加强合作，共建碳中和生态圈

加强合作，共建碳中和生态圈是数字化赋能企业实现碳中和的关键步骤。在实现碳中和的道路上，企业需要协同合作，共同应对各种挑战和难题。加强企业间的合作共建碳中和生态圈，不仅有助于降低数字化技术应用的成本和风险，还能够促进数字化技术的创新和应用，加快企业实现碳中和的进程。企业可以通过技术共享、经验交流等方式促进数字化技术的创新和应用。数字化技术是实现碳中和的关键工具，例如，智能监控、数据分析、人工智能等技术可以帮助企业减少能源消耗和碳排放，提高能源利用效率和产出效益。在这个过程中，企业需要进行技术共享，打破行业和企业间的技术壁垒，促进数字化技术的传播和应用。企业可以通过资源共享、协作共建等方式，降低数字化技术应用的成本，共同推动碳中和目标的实现。数字化技术应用需要大量的投入，包括设备、软件、人力等，这对中小企业来说是一个非常大的挑战。

同时，企业需要协作共建碳中和生态圈，共同投资建设数字化基础设施和

能源基础设施，共同承担碳减排成本和风险，促进碳中和的实现。政府可以在政策和资源上对企业间的合作提供支持和鼓励，促进企业间的协作和共建。政府可以推出一系列支持数字化技术应用和碳减排的政策，如鼓励企业技术共享、资源共享等、鼓励企业共建碳中和生态圈、提供数字化基础设施和能源基础设施等方面的支持，引导企业在碳中和的道路上共同前行。

第五章　数字化转型的挑战与对策

第一节　数字化转型过程中的风险与应对策略

一、技术风险

在油气田企业推进数字化转型的过程中，技术作为核心驱动力，不仅承载着提升生产效率、优化运营管理的重任，也伴随着一系列潜在的技术风险。这些风险若不能得到有效识别与应对，可能会阻碍转型进程，甚至导致项目失败。油气田企业数字化转型过程中的技术风险主要有以下几种。

（一）技术选型风险

1.技术成熟度不足

选择尚未成熟或未经充分验证的技术进行部署，可能面临性能不稳定、维护成本高、兼容性差等问题。

2.技术不匹配

未能根据企业实际需求选择合适的技术解决方案，导致技术与企业业务目标脱节，影响转型效果。

3.技术更新换代快

技术快速发展导致前期投资的技术迅速过时，需要不断投入资源进行升级或更换，增加成本负担。

（二）系统集成风险

1.系统兼容性差

新旧系统之间、不同供应商系统之间可能存在兼容性问题，导致数据交换困难、业务流程中断。

2.集成复杂度高

油气田企业通常拥有多个复杂系统，在系统集成过程中需考虑多种因素，如接口标准、数据格式、通信协议等，集成难度大。

3.系统集成失败

系统集成失败可能导致项目延期、成本超支，甚至整个数字化转型项目失败。

（三）数据安全与隐私风险

1. 技术漏洞

数字化系统可能存在安全漏洞，被黑客利用进行攻击，导致数据泄露、篡改或破坏。

2. 数据加密与保护不足

未采用足够强度的加密技术和保护措施，无法保证数据的机密性、完整性和可用性。

3. 隐私合规风险

在数据处理过程中，可能违反相关法律法规对隐私保护的要求，引发法律纠纷和声誉损失。

（四）技术运维风险

1. 运维能力不足

企业可能缺乏专业的技术运维团队和工具，难以保障数字化系统的稳定运行和及时维护。

2. 运维成本高昂

数字化系统的运维需要投入大量人力、物力和财力，成本高昂，可能影响企业的盈利能力。

3. 运维策略不当

缺乏科学合理的运维策略，可能导致系统性能下降、故障频发，影响企业正常运营。

（五）技术变革适应性风险

1.技术更新换代快

油气田企业需不断适应新技术的发展，否则将面临被市场淘汰的风险。

2.组织文化抵触

数字化转型可能改变企业的传统运营模式和组织文化，员工可能对新技术产生抵触情绪，影响转型效果。

3.技能短缺

数字化转型需要员工具备新的技能和知识，企业可能面临技能短缺的问题，影响转型进程。

二、数据风险

在油气田企业的数字化转型过程中，数据已成为核心资产，是推动企业决策优化、流程再造、效率提升和创新发展的关键。然而，随着数据量的激增和数据应用的深入，数据风险也日益凸显。油气田企业在数字化转型过程中面临的数据风险包括数据安全风险、隐私保护风险和数据质量风险等。

（一）数据安全风险

1.外部威胁

黑客攻击、恶意软件、网络钓鱼等手段可能导致数据泄露、篡改或破坏。

2.内部威胁

员工误操作、权限滥用、内部盗窃等可能引发数据安全问题。

3.技术漏洞

系统缺陷、软件漏洞、配置不当等可能为外部攻击提供可乘之机。

（二）隐私保护风险

1.个人信息泄露

在数据采集、存储、处理、传输等环节中，可能涉及员工、客户、合作伙伴的个人信息，一旦泄露将引发法律纠纷和声誉损失。

2.合规风险

不同国家和地区的数据隐私法规各异，企业在跨国经营中需遵守多重法规，稍有不慎即可能违规。

（三）数据质量风险

1.数据不完整

数据采集过程中的遗漏或错误可能导致数据不完整，影响分析结果的准确性。

2.数据不准确

数据源错误、传输错误或处理错误都可能导致数据不准确，误导决策。

3.数据时效性

数据更新不及时或过时，将影响企业对市场变化的反应速度和决策效果。

三、组织风险

在油气田企业的数字化转型过程中，组织风险是一个不容忽视的重要方面。这些风险主要源于企业内部组织结构、文化、人员及管理模式等方面的挑战和变化。组织风险主要有以下几种。

（一）组织结构不适应风险

1. 传统层级过多

传统的油气田企业往往层级较多，决策链条长，难以快速响应数字化转型的需求。

2. 部门壁垒

部门间沟通不畅，信息共享困难，导致数字化转型项目难以跨部门协作推进。

3. 企业文化冲突

油气田企业可能存在较为保守的企业文化，对新技术和新模式持怀疑态度，阻碍数字化转型的推进。

4. 创新动力不足

缺乏鼓励创新的文化氛围，员工对数字化转型缺乏积极性和参与度。

5. 人才短缺与现有员工技能不匹配

数字化人才匮乏，缺乏具备数字化技能的人才，如数据分析师、信息技术专家等；现有员工技能不匹配，现有员工技能与数字化转型需求不匹配，需要大量培训和学习。

（二）管理模式落后风险

1. 决策机制僵化

决策过程复杂且缓慢，难以适应数字化转型快速变化的需求。

2. 绩效评估体系不适应

现有的绩效评估体系可能无法准确衡量数字化转型的成效，影响员工的积极性。

3. 变革阻力

中层管理者抵触，中层管理者可能因担心失去权力或利益而抵触数字化转型；员工不安，员工对数字化转型带来的不确定性感到不安，担心失业或工作变动。

四、应对策略

（一）技术风险应对策略

1. 技术选型风险应对策略

（1）充分调研与评估。在选型前，进行充分的市场调研和技术评估，了解技术的成熟度、稳定性、兼容性及未来发展趋势，确保所选技术能够满足企业长期发展的需求。

（2）试点先行。对于不确定的技术，可以采用小范围试点的方式，通过实际应用来验证技术的可行性和效果，降低全面部署的风险。

（3）多元化技术组合。避免单一技术依赖，采用多元化技术组合，降低技术更新换代带来的风险。

2. 系统集成风险应对策略

（1）制定统一标准。在系统集成前，制定统一的数据接口标准、通信协议等，确保各系统之间的兼容性。

（2）专业团队支持。组建或引入专业的系统集成团队，其具备丰富的集成经验和能力，可以确保集成过程的顺利进行。

（3）分阶段实施。将系统集成工作分阶段进行，在每个阶段完成后进行充分的测试和验证，确保每个阶段的集成效果。

3. 数据安全与隐私风险应对策略

（1）加强安全防护。建立完善的信息安全管理体系，采用先进的加密技术、防火墙、入侵检测系统等安全防护措施，确保数据的机密性、完整性和可用性。

（2）定期安全审计。定期进行安全审计和漏洞扫描，及时发现并修复潜在的安全隐患。

（3）加强员工培训。加强员工的信息安全意识和技能培训，提高员工对数据安全和隐私保护的重视程度。

4. 技术运维风险应对策略

（1）建立运维团队。组建专业的技术运维团队，负责数字化系统的日常运维和故障处理。

（2）引入智能运维工具。利用大数据、人工智能等先进技术，引入智能运维工具，提高运维效率和准确性。

（3）制订应急预案。制订完善的应急预案，确保在系统出现故障时能够迅速响应并恢复服务。

5. 技术变革适应性风险应对策略

（1）持续学习与创新。鼓励员工持续学习新技术和新知识，提升企业的技术创新能力。

（2）建立灵活的组织结构。建立灵活的组织结构，便于快速适应技术变革和市场变化。

（3）加强合作与交流。加强与其他企业、高校和科研机构的合作与交流，共同应对技术变革带来的挑战。

（二）数据风险应对策略

1. 数据安全风险应对策略

（1）构建多层次安全防护体系。采用防火墙、入侵检测系统、数据加密、访问控制等技术手段，构建多层次的安全防护体系，确保数据在存储、传输、处理过程中的安全性。

（2）加强网络安全管理。定期进行网络安全评估和漏洞扫描，及时修补系统漏洞，防范外部攻击。

（3）实施严格的数据访问权限管理。遵循最小权限原则，对访问敏感数据的人员进行严格控制和审计，防止内部威胁。

（4）建立应急响应机制。制订数据泄露应急预案，明确应急响应流程和责任分工，确保在发生数据泄露事件时能够迅速响应、有效处置。

2. 隐私保护风险应对策略

（1）提高数据隐私保护意识。通过培训和宣传提高员工的数据隐私保护意识，确保在处理个人信息时遵守相关法律法规和企业规定。

（2）实施数据脱敏处理。对敏感数据进行脱敏处理，降低数据泄露的风险。

（3）遵守数据隐私法规。密切关注国内外数据隐私法规的动态变化，确保企业的数据处理活动符合法规要求。

（4）设立隐私保护部门或岗位。设立专门的隐私保护部门或岗位，负责隐私保护合规工作的监督和执行。

3. 数据质量风险应对策略

（1）建立数据质量管理制度。明确数据质量标准、采集流程、处理规范和校验机制，确保数据的准确性和时效性。

（2）加强数据源管理。对数据源进行严格的筛选和验证，确保数据的真实性和可靠性。

（3）实施数据清洗和校验。定期对数据进行清洗和校验，去除重复、错误和无效数据，提高数据质量。

（4）建立数据质量监控体系。通过数据分析工具和技术手段，实时监控数据质量状况，及时发现并解决问题。

（三）组织风险应对策略

1.组织结构不适应风险应对策略

（1）扁平化管理。减少管理层级，加快决策速度，提高组织灵活性。

（2）跨部门协作。建立跨部门协作机制，打破部门壁垒，促进信息共享和资源整合。

（3）塑造创新文化。倡导开放包容，鼓励员工接受新思想、新技术，营造开放包容的企业文化氛围；设立创新激励机制，设立创新奖励制度，激励员工积极参与数字化转型的创新实践。

（4）加强人才培养与引进。内部培训，定期开展数字技能培训，提升现有员工的数字化技能；外部引进，积极引进具备数字技能的人才，为数字化转型提供人才保障。

2.管理模式落后风险应对策略

（1）建立灵活高效的决策机制。建立灵活高效的决策机制，确保快速响应数字化转型的需求。

（2）调整绩效评估体系。调整绩效评估体系，将数字化转型的成效纳入考核范围，激励员工积极参与。

（3）加强沟通与交流。加强与员工的沟通与交流，解释数字化转型的必要性和好处，减轻员工的担忧和不安。

（4）发挥领导层示范作用。领导层应率先垂范，积极参与数字化转型的各项工作，为员工树立榜样。

（5）设立数字化转型领导小组。设立由高层领导牵头的数字化转型领导小组，负责整体规划、决策和协调推进工作，确保数字化转型战略的顺利实施。

第二节 数字化转型的组织结构与企业文化变革

根据数字化转型的需求，优化组织结构，设立专门的数字化转型团队或部门，负责数字化转型的规划、实施和管理。

一、推动组织战略变革，转变人力资本积累方式

在数字经济体系中，部分传统人力被数字人力替代，部分岗位潜在的危险被数字技术化解；具有数字技术专长的职员对市场需求变化的反应更为敏捷，并且能够高效地将需求变动转化为产品改进方案，人力资本的专有性也得以提升。因此，建议实施战略变革式转型模式的企业，除了在企业数字战略建设中考虑企业愿景、业务需求、技术选择、组织文化等变革以外，还应着重考虑数字人力资本的长期积累。一方面，企业应基于现有的业务模式、财务状况、客户基础、技术基础设施、人才储备，以及面临的挑战和机遇等，明确企业在数字化浪潮中的市场定位，识别目标客户群体和潜在的价值创造点，从而实现发展愿景的重塑和组织战略的调整；另一方面，企业可以通过"员工创客化、用户员工化"方式，在强化员工数字技术专长的同时，将消费者与员工转变为企业的准"合伙人"，并将创造的价值增量与其分享，充分调动内外"人力"的积极性，促使员工将自身工作价值同企业目标、企业荣誉、企业价值融为一体，使员工的归属感、价值实现意愿及"员工—企业"共同体意识得以增强，促进数字人力资本的多样化发展。但需要注意的是，在人机互动方面，数字技术的智能应用与更新迭代会导致人机协调方式发生变化，不正当竞争、联合串谋等行为风险可能会增加，故在实施数字化转型过程中，企业还应加强对数据算法及区块链代码等数字技术的安全管控。

技术是数字化转型的核心驱动力，企业应积极投资于现代信息技术，如云计算、大数据分析和物联网等。同时，企业需要关注人才的培养与引进，尤其是在数据分析、信息技术和变革管理等领域。通过建立跨部门的团队，企业能够更好地整合技术与人力资源，提升转型的整体效率。企业要想实现数字化转

型，需要做好以下两方面工作。一方面，企业需要加强员工的数字技能培训，包括数据分析、云计算、人工智能等方面的知识和技能，并鼓励员工探索和学习新技术，从而形成持续学习和创新的文化。另一方面，随着数字化转型的深入，传统的管理模式已不再适用。企业需要探索更加灵活和敏捷的管理模式，例如，引入跨职能团队、采用扁平化的管理结构，以及建立以目标和结果为导向的绩效评估体系。此外，企业应扎实开展数字人才的育、引、留、用等专项行动，提升数字人才的自主创新能力，激发数字人才的创新创业活力，通过增加数字人才有效供给，形成数字人才集聚效应，从而着力打造一支规模壮大、素质优良、结构优化、分布合理的高水平数字人才队伍。

二、优化组织结构

传统企业的组织结构多采用事业部制、M 型、SBU 型、矩阵制、H 型等形式，其中心化控制程度高、决策周期长。在数字经济结构中，数字技术突破了传统企业组织边界，消费者、竞争者、其他行业从业者均可参与或影响企业研发、生产、决策，数据挖掘和分析的速度要求企业各部门协同合作、开放共享。因此，建议实施生态共建式转型模式的企业，更加注重革新内外各部门、各群体的协作方式，这需要企业领导者具备数字认知力、思考力、决断力、执行力、表达力，充分认识网络化、扁平化的组织结构对新质生产力的促进作用，因此企业可以考虑采用渐进式、革命式等适当形式进行组织结构变革，这是数字化转型和新质生产力融合的关键环节。"去中心化"的网络组织结构有助于企业实现纵向的资源配置优化和横向的跨行业发展，吸引更多的新参与者加入企业生态，共同推动创新。从纵向看，企业应打破组织边界，与供应商、客户和其他利益相关者建立开放和协作关系，形成共同发展的生态圈。从横向看，企业应通过吸引新的参与者加入生态系统，开拓新的市场和领域；通过跨行业合作和创新创造商业机会、增加企业效益，增强企业在生态系统中的生存韧性。此外，在企业治理上，为推动新兴技术与企业自有技术融合，部分企业可以考虑采用双重股权结构，以加强对智力资本的激励和促进智力资本的积累，从而增加企业的长期价值。

三、建立数据驱动的决策机制

数据管理能力是数字化转型成功的关键。企业应建立健全数据治理机制，确保数据的质量和安全性。同时，企业应鼓励数据驱动的决策机制，利用数据分析工具为业务决策提供支持。通过建立实时的数据监测与反馈机制，企业能够及时调整运营策略，以适应市场变化。研究显示，数据驱动的企业在决策效率上提升了30%，并显著提高了市场竞争力。

（一）定期评估与调整

数字化转型是一个动态的过程，企业在实施过程中应定期进行评估与调整。通过对转型进展的监测，企业可以识别潜在的问题和挑战，及时调整转型策略。同时，企业应重视员工的反馈，了解其在转型过程中的体验与需求，以便不断优化变革管理策略，提升员工的参与度和满意度。定期的评估和调整能够提高转型成功的可能性，研究表明，实施动态调整的企业成功率比静态调整的企业高出35%。

（二）关注外部环境的变化

在数字化转型过程中，企业还需密切关注外部环境的变化，包括市场竞争、客户需求和政策法规等。通过及时获取市场信息，企业能够快速调整转型策略，确保在竞争中保持优势。此外，企业应积极与政府、行业组织合作，利用政策支持和行业标准，推动数字化转型的顺利进行。与外部环境保持紧密联系能够帮助企业识别新机遇，增强市场适应性。

（三）强化数据资源整合，注重培育数字企业文化

数字技术在推动生产力发展、促进资源整合的同时，影响着企业行为方式、企业战略决策方式和员工的思维方式，从而逐渐形成数字企业文化；数字企业文化又会反向影响利益关联方对数据资源的交互创新。因此，建议实施资源整合式转型模式的企业，更加注重企业各部门间协同合作、价值共创，有效减少组织内部及组织之间的冲突，从而减小合作阻力。企业可以通过挖掘和分

析数据，洞察企业的运作新特点、新模式、新规律，深刻了解企业层面的数字化转型和新质生产力的发展情况，进而形成数据决策思维和数字企业文化。一方面，企业应建立数据管理、治理体系和数据共享规则，充分整合内外部数据资源，形成数据资源库，并以此为基础，鼓励各部门以数据为基础进行决策，形成具有数据思维的文化氛围，推动部门间数据的协同和共享，提高决策的科学性和效率；另一方面，企业应培养员工的数据驱动工作思维，支持和鼓励员工不断"探索"数据所反映的企业运行新规律、业务发展新机遇，从而提升企业创新内驱力和竞争优势，逐渐形成"探索—创新"文化，短期可减轻企业数字化转型的阻力，长期则可助力企业实现跨越式发展。

四、建立合作生态系统

在数字化转型过程中，企业应积极寻求与外部合作伙伴的协作机会，包括技术供应商、行业协会、科研机构和其他企业。通过建立合作生态系统，企业可以共享资源、技术和市场信息，降低转型风险，提升创新能力。同时，与外部合作伙伴的互动能够为企业带来新的视角和思路，推动更为全面的数字化转型。通过战略合作，企业能够在技术和市场上实现协同效应，增强市场竞争力。

第六章 成效、经验与展望

第一节 川西北气矿全面数字化转型的成效、经验

一、数字化转型成效

自"十二五""十三五"以来，西南油气田分公司大力推进了数字油气田建设，总体上形成了"34782"的建设与应用成效，为打造"油公司"模式、助推公司转型升级、实现高质量发展提供了有力支撑。

（一）"3"——建成 3 个领域基础设施

建成以物联网为基础的"云网端"基础设施。建成中石油西南地区最大的区域数据中心和云计算软件平台、稳定可靠的光通信网络和全覆盖的物联网系统，使场站数字化监控覆盖率达 95%，气田开发整体实现"自动化生产"，这支撑了生产组织方式优化。

1. 建成共享集成的云计算中心

目前公司云平台总计算能力达 992 CPU 核心，磁盘裸容量为 661.6 太字节，云化数据库服务器有 34 台，集中部署了分公司各类应用系统 73 套、虚拟机 163 个，承载了勘探开发业务的高性能计算服务器 2 套（948 个 CPU、7084 核），含高性能计算服务节点 448 个，计算能力约达 75 万亿次 / 秒。

2. 建成泛在稳定的信息高速公路

目前公司在川渝两地建成了石油光通信线路 10052 千米，覆盖了所有二级单位、作业区（分厂）及龙王庙、长宁等重要气田；同时利用运营商 "L2TP+VPDN" 技术，建成了无线接入平台，覆盖了偏远场站；依托广域网、卫星、公众通信网，应急通信系统已初步覆盖了公司重点生产场站。

3. 建成全面感知的油气生产物联网

截至 2020 年，公司完成所有作业区的物联网完善工程，生产井站数据自动采集率达到 95%，一线生产井站无人值守率达到 68%，老区用工总量减少 30%，新区用工总量为传统模式的 30%，生产流程工业视频接入 2400 路，公司油气生产物联网规模位列地区公司第一。

（二）"4"——集成 4 类油气生产数据

"十三五"期间，西南油气田分公司利用 SOA 基础工作平台，集成了勘探开发成果数据、生产实时数据、地理信息数据、经营管理数据，实现了数据整合及自动交换、服务发布与系统集成、流程配置与运行控制，为主营业务提供了全面的数据支撑。

1. 勘探开发数据管理

以油气生产数据为核心，满足中石油总部、西南油气田、气矿、作业区 4 个层面的生产数据管理与应用决策需求，实现了 1957 年以来的生产数据完整入库，管理了7617口井的基础信息，实现了以产量为核心的各类开发、生产指标的汇总与计算。

2. 生产实时数据管理

完成了现场生产实时数据、工程作业动态数据、勘探开发成果数据等专业数据近20万条数据交汇，实现了数据应用从基础查询向定制服务的拓展。

3. 地理信息数据管理

通过对西南油气田分公司空间数据资源进行统一整合，形成了完备可靠的空间数据库，提供了基础类、专题数据类等GIS服务用于外部系统集成，实现了公司空间信息资源的整合及共享。

4. 经营管理数据管理

通过企业资源计划（Enterprise Resource Planning, ERP）集成、营销管理系统、财务管理信息系统（Financial Management Information System, FMIS）及资产平台、物资采购和设备管理系统，完成了人财物数据、油气化工销售数据、财务及概预算数据、物资及仓储数据、设备动静态数据的交汇与应用。

（三）"7"——建成7大区域数字化气田

西南油气田分公司在五矿两处7大区域开展了油气生产物联网完善工程和作业区数字化管理平台建设及推广，38个作业区全部建成了数字化气田，建立了"互联网＋油气开采"新模式。

完成了"云网端"基础设施和完整的工业控制系统建设，全部作业区上线了作业区数字化管理平台；一线员工日常操作流程电子化覆盖率达到了100%，优减了14个作业区，使老区优化用工达到了4000余人；生产操作实现了"单井无人值守、气田分区联锁控制、远程支撑协作"；龙王庙净化厂建成了集动态感知、实时监控等功能于一体的数字化工厂，净化厂管控能力得到了显著提升。

（四）"8"——形成 8 大业务领域应用支撑

依托总部统建系统和公司自建系统，形成了勘探、开发、工程技术、生产运行、管道运营、设备管理、科研协同、经营管理 8 大业务领域的应用支撑，开启了西南油气田分公司自动化生产、数字化办公新模式。

（五）"2"——初步建成 2 个智能气田示范工程

初步建成了龙王庙、页岩气 2 个智能气田示范工程，开发了一批专家系统，上线了智能工作流，应用了增强现实、虚拟现实、机器人、无人机、一体化模型等新一代智能技术，赋予了气田"思想和智慧"，着力打造了"油公司"智能营运新模式。

二、数字化气田建设经验

（一）"借智借脑"谋划顶层设计，多措并举促数字化转型

由企业高层领导亲自挂帅，成立专门的数字化转型工作小组，负责确保转型工作的有效落地与持续推进。每季度，工作小组会组织召开数字化转型推进会议，进而总结并分享在转型过程中涌现的优秀实践案例。同时，针对在数字化转型过程中遇到的痛点与瓶颈问题，工作小组会开展深入的需求分析，以此为基础进一步明确转型目标，并详细规划"数智化"气田的 5 大核心应用场景建设内容。

为进一步加快转型步伐，川西北气矿与行业内专业公司携手，共同组建数字化转型"联合创新体"。不仅建立了联合实训基地，还共同构建了一个长期的数字"命运共同体"。这一合作模式不仅促进了技术创新与资源共享，还为川西北气矿的数字化转型提供了强有力的支撑。

在人才队伍建设方面，川西北气矿同样给予高度重视。通过组织技能大练兵、信息化劳动竞赛等一系列活动，员工的技能水平与整体素质得到了显著提升。在首届数字化运维竞赛中，川西北气矿代表队凭借出色的表现，获得了一银两铜及团体三等奖的优异成绩，充分展示了其在数字化转型过程中人才培养

与团队建设所取得的显著成效。

（二）融合创新数智技术，助力无人值守提质增效

在川西北气矿的数字化气田建设中，一系列创新技术的应用显著提升了生产效率和环境效益，为行业树立了典范。

首先，通过采用"新型分布式光伏发电""智能视频监控""智能化排液"及"一体化撬装"等先进模式，成功构建了零碳低功耗的智慧井站体系，不仅确保了井站的安全智慧生产，还大幅度降低了运维成本和碳排放。

其次，在智能化管理方面，川西北气矿依托物联网技术，定制开发智能气田水装车橇。该设备集成了远程开关井站门、一键开阀、启停泵、自动计量等功能，并与作业区数字化管理平台实现了无缝对接，使工单执行更加高效。通过这一创新应用，污水装车时间减少了约60%，同时实现了数据的可追溯性和共享，促进了生产流程的高效协同。

最后，川西北气矿利用人工智能技术完成了高后果区的视频监控部署。这一系统能够智能分析管道面临的风险，为作业区巡护提供了精准的信息支持，有效减少了人力投入，降低了成本。川西北气矿成为公司内首个将高后果区视频监控接入"安眼工程"平台的生产单位，这进一步提升了其数字化管理水平。

（三）探索工控防护系统建设，实现工控安全防护零的突破

为应对日益严峻的工控网络安全挑战，川西北气矿依托科研项目"川西北气矿工控网络安全技术适应性研究"，深入探索了工控网络安全防护手段与现行工控系统的有效融合路径。

基于科研项目的丰硕成果，有针对性地开展气矿生产网工控设备的安全防护工作，并对重要生产单元的安全域实施独立保护策略。具体而言，共计部署200套终端主机卫士、3套工控防火墙及1套安全雷达系统，这些系统通过"白名单"机制和"流量"监测方式，对工控系统的运行安全进行了全面而有效的防护预警。同时，针对工控网络可能存在的违规外联行为，系统提供了及时的告警功能。

工控防护系统的探索性建设，不仅实现了川西北气矿在工控安全防护领域

零的突破，更为公司的整体网络安全防护体系注入了新的活力。在部署后，系统对工控网络内的上位机、视频工控机、国光计量上位机及 OPC 服务器等关键控制终端进行了集中的外设管控，从源头上有效遏制了非法介质的接入风险。此外，通过漏洞防护功能的实时监测与响应，系统成功发现并及时阻断了10 台终端上"永恒之蓝"漏洞的潜在扩散，切实巩固了工控系统的安全防护屏障。

（四）优化数据传输架构，实现生产实时数据一键同步汇聚

为全面提升生产数据传输的层级组态效率及稳定性，川西北气矿首次在公司范围内实现了生产实时数据的一键同步汇聚，开创了一种全新的生产实时数据传输模式。

针对现有生产数据通过 RTU 等自控系统，经由"井站—中心站—作业区—气矿"4 个层级链路进行采集和上传的现状，进行全面的摸底调查，并据此编制《川西北气矿生产数据传输架构改造工程方案》。该方案旨在优化现有的数据传输架构，将原本由中心站至作业区再至气矿的三级逐级上传模式，简化为中心站至气矿的两级上传模式。

在这一优化过程中，引入多项创新功能，例如，"中心站实时、历史数据库—气矿实时数据库—气矿历史数据库"的数据一键同步、各层级数据库之间的自动对比核查，以及不同层级用户权限的统一管理等。这些功能的实现，不仅显著减少了数据传输环节中的 CommServer 和 IO 组件，还进一步提高了数据传输的效率与稳定性。同时，通过这一架构的优化，川西北气矿成功减少了数据传输的层级和维护环节，从而通过结构性的变化，实现了数据传输效率与数据质量的双重提升。

（五）数字化气田建设纵深推进，业务转型支撑更加有力

围绕气矿"一体化调控"的核心目标，完成了应用系统的一体化整合，初步实现了生产调度业务应用的"N—1"集成。在此基础上，通过优化数据架构，川西北气矿在公司范围内首次实现了生产实时数据的一键同步汇聚，使得重点输配气场站全面实现了气矿 DCC（数据中心控制）的远程可控。这一系列

的创新举措，不仅提升了生产调度的效率，也为气田的智能化管理奠定了坚实基础。

在双鱼石生产区域，实施了一体化管控策略，完成了生产网 13 套系统多元数据的集成、管理和深化应用，打破了数据壁垒，形成了工业互联网的"数据中台"。

在老气田方面，对中坝气田进行进一步的数字化改造和升级，通过实施"中心站 + 无人值守"的管理模式，有效提升了老气田的运行效率和安全性。同时，这一模式降低了人力成本，为气田的可持续发展注入了新的活力。

在川西北部文兴气区，川西北气矿成功探索出一套"智能化低碳"的信息化建设新模式。该模式不仅显著降低了信息化建设成本（减少 30% 以上），还缩短了工期（缩短 20% 以上），为气田的智能化建设提供了新的思路和方向。

此外，川西北气矿还完成了剑阁天然气净化厂的智能配套项目建设。该项目实现了净化厂数据的高效集成应用和二维三维智能联动，有效提升了净化厂的管理效率。这一项目的成功实施，不仅为气田的智能化管理提供了新的典范，也为整个行业的数字化转型提供了有益的借鉴。

（六）数字化赋能生产运行，优化一体化调控模式

在川西北气矿的数字化气田建设中，智慧调控与扁平化管理是提升运营效率和安全性的关键策略。通过一系列创新举措，川西北气矿成功构建了集"生产调控、信息集散、安全反恐、应急指挥"功能于一体的一级调度体系，并实现了井站无人值守、厂区一体协同及生产数智管控的全新模式。

具体而言，川西北气矿对气矿调度中心进行智慧大脑的升级建设，这一中心不仅集成了多项关键功能，还通过数智化技术的应用，实现了对气田生产全过程的精准调控和高效管理。在此基础上，川西北气矿进一步收缩作业区、天然气净化厂及水电管理的层级，将综合调控管理交由数智分公司统一负责。

为进一步提升调控效率，全力推进气矿调度中心直达现场中控室的扁平化调度管理。通过这一模式，一级调控能够直接对 14 个中心站、4 个直管站及 3 个净化中控室进行点对点的远程控制。这一创新举措既显著提升了调控的精准度和时效性，又有效节约了人力资本，据统计，调度管理人员因此减少了 12 人。

（七）充分发挥自控工作室支撑作用，夯实自控管理基础

在川西北气矿的数字化气田建设中，自控系统的优化与人才培育是推动项目高效运行和持续创新的重要驱动力。

首先，川西北气矿充分利用自控工作室的专业力量，对215个站点的控制系统进行全面的维护与测试，成功处理220项故障，测试完成率达到100%。这既确保了自控系统的稳定运行，也为后续的数字化建设奠定了坚实的基础。

其次，为进一步提升自控系统的管理水平，积极开展自控专业制度的制定工作。其中，《地面集输新建自控系统投运前测试技术规范》企业标准的编制，不仅规范了新建自控系统的测试流程，也为后续系统的优化与升级提供了重要的技术参考。此外，川西北气矿还参与3项企业标准的编制工作，进一步丰富了自控系统的技术标准体系。

再次，在人才培育方面，川西北气矿充分发挥自控工作室的技术优势，打造了员工仿真培训系统。该系统能够模拟真实的控制系统操作环境，对员工进行控制系统、先进控制等6大类技术的培训。据统计，该系统已组织近20次技术交流活动，有效提升了员工的技术水平和实际操作能力。同时，川西北气矿积极落实项目和解决方案，并对其进行试点，将培训内容与实际工作紧密结合，进一步推动人才的快速成长。

最后，基于公司"1+3+N"模式，不断完善自控工作室的管理制度、设备设施，并引入优质厂商，扩大合作资源。通过强化人员激励与考核机制，川西北气矿成功推进了运行操作、维护管理、编程组态3个层次的能力提升，为自控系统的持续优化和数字化建设的深入推进提供了有力的人才保障。

第二节 展望

一、进一步增强现场感知水平

运用新传感技术、无线通信技术（包括 5G）、在线分析技术、重要工艺参数冗余检测、C11 系统深化应用等技术，扩大工艺过程控制全面感知范围，打通设备状态、台账、检维修等多维数据，实现最佳维修策略，减少维护成本，实现智能化为生产赋能，使工厂在更长周期平稳运行。

二、持续探索智能化工具和大模型

第一，应用人工智能视觉大模型等方案代替广泛人工劳动。扩大机泵、设备、工艺流程、撬装装置远程操作覆盖范围，通过大修及投资项目建设契机，扩大设备远程操控范围，减少员工因巡检、操作等暴露在风险环境中的频率，降低员工劳动强度和安全风险，提升安全管控能力。

第二，应用"人工智能数据＋机理大模型"优化生产管控。持续建设、完善先进控制及实施优化系统，根据生产历史数据建立大数据分析模型，提取特征因素，优化控制参数，提升工艺调优操作的稳定性，减少人员经验依赖，显著提升装置生产运行的平稳性，实现装置最优操作，同时降低生产能耗水平。

三、做优数据核心资产，不断推进治理工作

在厂内开展数据治理工作，消除数据孤岛，建立大数据分析平台，挖掘数据价值，提升辅助决策能力，助力工厂安全高效运行。

论证并试行真正切实有效的报警管理措施，治理糟糕报警，让"狼来了的时候"警钟响亮。

四、全面推行老气田智能感知、人工智能趋势预警

依托智能 PID 建设、智能调度、预测性维护等智能化手段，利用大数据和人工智能技术，建立模型和算法，对事件、趋势和风险进行预测和预警，分析历史数据和趋势，提供预测结果和决策支持，提高决策效率和精准度。

参考文献

[1] 叶玉茹，张苏，占天慧，等．油气田企业档案数字化转型策略研究 [J]. 中国管理信息化，2024（19）：150-154.

[2] 曹智鹏，肖峰，马蒸钊，等．海洋油气田领域固体废物管理数字化转型中的问题及对策研究 [J]. 环境保护，2024，52（15）：34-38.

[3] 王子宗，景帅，宫向阳，等．中国石化以业务变革为核心的数字化转型升级模式 [J]. 国企管理，2024（增刊 1）：979-988.

[4] 靳天煜，秦超，冉艳曦，等．数字化转型共建共享模块技术规范及推广应用模式研究 [J]. 中国管理信息化，2024，27（7）：170-174.

[5] 王鸿捷，杜侠玲，张乃川，等．Q/SY 01015—2022《油气田地面工程数字化交付规范》应用解析 [J]. 天然气与石油，2024，42（1）：133-137.

[6] 李金宜，刘博伟，胡治华，等．油气田实验室在数字化实验能力建设中的实践 [J]. 实验室科学，2023（6）：159-162.

[7] 杨朝强，彭小东，王庆帅，等．海上油气储量分析与开发规划数字化转型关键技术 [J]. 中国海上油气，2023，35（6）：78-88.

[8] 梁欣怡，艾思凡．石油工程企业数字化转型研究与实践 [J]. 中国石油和化工标准与质量，2023（21）：70-72.

[9] 刘维武，蒋维东，李小飞，等 . 庆新油田基于数字化转型的"油公司"改革新模式 [J]. 创新世界周刊，2023（11）：96–105.

[10] 王婉月 . 大数据技术在油气田生产指挥信息系统中的应用与发展趋势探讨 [J]. 信息系统工程，2023（10）：8–11.

[11] 吴旭泉，曾军，哈斯叶提·叶斯博拉提 . 低碳经济下油气田企业提质转型路径：以新疆油田为例 [J]. 油气与新能源，2023（4）：19–23.

[12] 胡建国，马建军，李秋实 . 长庆油气田数智化建设成果与实践 [J]. 石油科技论坛，2023，42（3）：30–40.

[13] 魏可萌，游杰，贺定长，等 . 基于增强现实技术的油气田生产管理研究与实践 [J]. 石油化工自动化，2023，59（4）：68–72.

[14] 佚名 . 力控科技实时数据库解决方案助力油气田公司数字化转型 [J]. 自动化博览，2023（7）：30–31.

[15] 徐凤仪 . 西南油气田数智分公司运维班：数字化管理"动车头"带动标准化服务"动车厢"[J]. 班组天地，2023（6）：38–39.

[16] 刘合 . 油气勘探开发数字化转型 人工智能应用大势所趋 [J]. 石油科技论坛，2023，42（3）：1–9，47.

[17] 王同良，杨梦露 . 海洋油气工程数字化智能化发展现状与展望 [J]. 前瞻科技，2023，2（2）：105–120.

[18] 吕莉莉，杨宝荣，吴浩，等 . 油气田地面工程数字化信息模型建设方式探讨 [J]. 油气田地面工程，2023（6）：1–7.

[19] 张桂凤，杨帆，赵涵，等 . 西南油气田开发储量管理数字化转型探索与实践 [J]. 中国管理信息化，2023，26（7）：102–108.

[20] 宋成坤 . 辽河油田数字化转型智能化发展前瞻研究 [J]. 石化技术，2023（2）：211–213.

[21] 王鹏 . 油气田生产一体化管控软件的研发及应用 [J]. 石油化工自动化，2023，59（1）：64–68.

[22] 佚名 . 西南油气田开启数字化安全监管新模式 [J]. 天然气勘探与开发，2022（4）：85.

[23] 许亚辉，陈燕.油气田数字化转型生产管理应用实践与思考[J].中国信息化，2022（10）：72-74，80.

[24] 肖立志.数字化转型推动石油工业绿色低碳可持续发展[J].世界石油工业，2022，29（4）：12-20.

[25] 李晨，肖逸军，杨云杰.油气田生产数字化转型理论与实践[J].化工管理，2022（20）：57-60.

[26] 毕延旭.数字化转型背景下SH集团业财融合效果及优化研究[D].南宁：广西大学，2023.

[27] 蔡晓芸.中石油数字化转型的路径及效果研究[D].南昌：江西财经大学，2023.

[28] 夏宁.石化行业重点企业数字化转型动因与路径多案例分析[D].北京：对外经济贸易大学，2022.